চিরন্তন সুখের পথে

চিরন্তন সুখের পথে

নতুন সূর্যোদয় ব্রহ্মাকুমারীদের সাথে

ভগিনী
বি কে শিবানী
কথোপকথনে
সুরেশ ওবেরয়

Translation by Sanjay Bose

MANJUL
মঞ্জুল পাবলিশিং হাউজ

Manjul Publishing House

Corporate and Editorial Office
•2 Floor, Usha Preet Complex, 42 Malviya Nagar, Bhopal 462 003 - India
Sales and Marketing Office
•C-16, Sector 3, Noida, Uttar Pradesh 201301, India
Website: www.manjulindia.com

Distribution Centres
Ahmedabad, Bengaluru, Bhopal, Kolkata, Chennai,
Hyderabad, Mumbai, New Delhi, Pune

Bengali translation of
Happiness Unlimited Awakening with Brahma Kumaris by *Sister Shivani*

This edition first published in 2021

ISBN 978-93-90085-64-4

Translation by Sanjay Bose

Cover design by Neha Behl

Printed and bound in India by Repro India Limited

সূচী

চিরন্তন সুখের পথে

vii

সূচনা

ix

পাঠকদের জন্য...

xiii

১   সুখের খোঁজে: একটি বাস্তব উপলব্ধি

১

২   কিভাবে জীবনের সুখ হারিয়ে যায়

১৫

৩   নিজের যত্ন—স্বার্থপরতা নয়

২৭

৪   প্রয়োজনে সুখের অনুসন্ধান করা বৃথা—সুখী থাকুন

৩৯

৫   আপনার আবেগ কার দ্বারা নিয়ন্ত্রিত?

৫১

৬   হতাশার পরিসমাপ্তি—একটি উপলব্ধির মাধ্যমে

৬২

৭   চিন্তাধারা নিজ নিয়ন্ত্রণে রাখুন

৭৩

৮   জীবন-লিপির শিল্প

৮৩

৯   আপনার ভাগ্য অদৃষ্ট অথবা স্বাধীন ইচ্ছা

৯৪

১০   অন্তরের থেকে জেগে ওঠা ভালোবাসার অনুভূতি

১০৫

১১ আপনি কি আবেগের দ্বারা ভারগ্রস্থ?   ১১৬

১২ মনের সঙ্গে সুখকর সহাবস্থানে থাকুন   ১২৬

১৩ সুখ সর্বোত্তম-এর কোনো বিকল্প নেই   ১৩৮

বি কে শিবানীর প্রসঙ্গে   ১৫১

ব্রহ্মকুমারী   ১৫৩

ব্রহ্মাকুমারীদের দ্বারা চালিত পাঠক্রম   ১৫৫

রাজ-যোগ ধ্যান পাঠক্রম   ১৫৮

Brahma Kumaris Centres   ১৫৯

চিরন্তন সুখের পথে

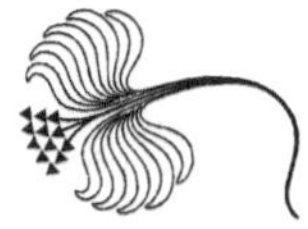

পৃথিবীতে, মানুষের জীবনের নির্ভরশীলতাই একটা কারণ যার জন্য সুখের মাত্রা এত কমে এসেছে। আর দেখতে গেলে, জীবনের এটাই সবচেয়ে বড় বিদ্রুপ, যে 'সুখ' কিন্তু কোনো 'ব্যক্তি', 'বস্তু' বা 'জায়গা' বিশেষের উপরে নির্ভরশীল নয়।

যদি আমরা প্রত্যেককে তাদের নিজেদের রূপ-রঙে স্বীকার করে নিতে পারি, তাহলেই একমাত্র 'সুখ' এর আসল স্বরূপ বুঝতে পারব। এর মর্ম লুকিয়ে আছে, বিচার, প্রতিবাদ, অনুযোগ, সমালোচনা ও প্রতিদ্বন্দ্বিতার মতো ভাবনার থেকে মুক্ত থাকার উপায়গুলোর মধ্যে।

আমাদের জীবনের বিশুদ্ধতা, শান্তি ও সুখ যদি, অনুভূতি এবং মননের সঙ্গে এক সূত্রে গাঁথা হয়ে যায়, তাহলে হয়তো আমাদের জিজ্ঞাসা, প্রত্যাশা অথবা অহংবোধের গোষ্ঠীসমূহ, পক্ষ পরিবর্তন করে উন্মুক্ততা, স্বীকৃতি ও ত্যাগের দিকে প্রবর্তিত হবে। আমরা অতীত ও ভবিষ্যতের কালচক্র ভুলে,যথার্থ অর্থে বর্তমানকে নিয়ে বাঁচতে পারব। আমাদের অন্তরের স্বয়ংপ্রভ শক্তি ও সঠিক নির্ণয় ক্ষমতা, জন্ম দেবে এক অপার সুন্দর এবং মঙ্গলময় জীবনের। জীবনের পরম সত্যরূপে 'সুখ' বিকশিত হবে সঠিক সিদ্ধান্তের হাত ধরে। সুচিন্তনের এই প্রবাহধারা অগ্রসর হয়ে চলবে একটি কথোপকথনের

মাধ্যমে। আলোচনায় থাকবেন, শ্রী সুরেশ ওবেরয়, একজন আন্তর্জাতিক খ্যাতিসম্পন্ন অভিনেতা এবং ভগিনী শিবানী, যিনি ব্রহ্মাকুমারীদের রাজযোগ ধ্যান পদ্ধতির পথিকৃত। এই আলোচনা সম্পূর্ণরূপে বহুমাত্রিক এবং নির্মলতার মুহূর্তগুলি বিক্ষিপ্ত ভাবে ছড়ানো থাকবে সুখ-স্বপ্নের অন্তরে—কিন্তু জ্ঞানের এই অসীম পরিবর্ধন হবে চিন্তনের নিজস্ব উপলব্ধিকেন্দ্রিক।

এখানে, সাক্ষাৎকারের যথার্থ আক্ষরিকরণের প্রচেষ্টা করা হয়নি। এই গ্রন্থের মাধ্যমে আমরা চেষ্টা করেছি, ভগিনী শিবানীর চিন্তন, মনন ও সুখের আভ্যন্তরীণ মর্মার্থ এবং তার বিভিন্ন মাত্রার সারাংশ লিপিবদ্ধ করার।

সূচনা

আন্তর্জাতিক আধ্যাত্মিক এবং অনুপ্রেরণাদায়ী অগ্রগণ্য অনুষ্ঠান 'নতুন সূর্যোদয়— ব্রহ্মাকুমারীদের সঙ্গে', বিগত এক দশকের বেশি সময় ধরে, বিশ্বের বিভিন্ন জায়গায় বহুসংখ্যক মানুষের চিন্তাধারার আঙ্গিক পরিবর্তন করে এসেছে। এই অনুষ্ঠান, দৈনিক মাত্র ৩০ মিনিটের সময়সীমায় জীবনের মার্মিক ও অন্তদৃষ্টিসম্পন্ন প্রশ্নের উত্তর দিয়েছে। কার্যক্রমের শীর্ষস্থানে আছেন, আন্তর্জাতিক আধ্যাত্মবাদ ও মানব চিন্তনের দিশারী, ভগিনী বি কে শিবানী; যার গভীর এবং অত্যন্ত ব্যবহারিক জ্ঞানের সহায়তায়, লক্ষাধিক মানুষ জীবনকে নতুন ভাবে উপলব্ধি করার এক ইতিবাচক উপায় খুঁজে পেয়েছে। সম্প্রীতি, সহৃদয়তা ও প্রীতির সমাহারে গঠিত এক দিব্যজ্যোতি চিত্ত, তার অন্তরের অনুরণন, নিরন্তর ও শাশ্বত বার্তার মাধ্যমে এই মঞ্চে পরিবেশন করেন।

২০০৭ থেকে অদ্যাবধি, প্রায় ২০০০ টি প্রাসঙ্গিক উপাখ্যানের মাধ্যমে 'নতুন সূর্যোদয়', মানব সচেতনতার ২০টির বেশি বহুবিস্তৃত ক্রম-পরম্পরার বিশ্লেষণ করেছে।

ভারতবর্ষের বাইরে বহু দেশে, যেমন, মার্কিন যুক্তরাষ্ট্র, ইংল্যান্ড, ইউরোপ, এশিয়া, মধ্য প্রাচ্য, আফ্রিকা, অস্ট্রেলিয়া এবং নিউজিল্যান্ডে এই অনুষ্ঠান

নিজের স্বাক্ষর রেখেছে। এই অনুষ্ঠানের ফলস্বরূপ, দর্শকগণ, মানসিক চাপ, হতাশা, আসক্তি, হীনমন্যতা এবং সম্পর্কের টানাপোড়েনের মতো ক্ষতিসাধনকারী মানসিক ভারগ্রস্থ পরিস্থিতির সঙ্গে সংগ্রাম করার পথ খুঁজে পেয়েছেন, এবং নিজেদের অন্তরের শক্তির প্রকৃত রূপ নির্ধারণে সমর্থ হয়ে জীবনের দায়িত্বজ্ঞানশীলতার সম্মন্ধে অবগত হয়েছেন।

এই অনুষ্ঠানে পরিবেশিত জ্ঞানের মূল ধারা, ভারতবর্ষের মাউন্ট আবুতে অবস্থিত যা মহিলাদের দ্বারা চালিত সর্ববৃহৎ আধ্যাত্মিক সংগঠন 'ব্রহ্মকুমারীদের' শিক্ষা প্রণালীর উপরে নির্ধারিত। এই সংগঠনের বীজ স্থাপন হয় ১৯৩৭ সালে এবং বর্তমানে এটি প্রায় ১৪০টি দেশের ৪৫০০ টি কেন্দ্র দ্বারা পরিচালিত। এই সংস্থা, 'United Nations Economic and Social Council (ECOSOC)' দ্বারা General Consulative মর্যাদায় স্বীকৃতি প্রাপ্ত হয়েছে। এছাড়াও এটি 'Department of Public Information (DPI)' র সহকারী প্রতিষ্ঠান, 'United Nations Children's Fund (UNICEF)'র উপদেশক প্রতিষ্ঠান এবং 'United Nations Environment Assembly (UNEP)'র পর্যবেক্ষক প্রতিষ্ঠান রূপে স্বীকৃত। 'United Nations' দ্বারা পরিচালিত বিভিন্ন উন্নয়নমূলক, মানবিক এবং অন্যান্য কার্যেও এই সংস্থার যোগদান আছে।

'ব্রহ্মকুমারীদের' শিক্ষাপ্রণালী, প্রাচীন আধ্যাত্মিক জ্ঞান-'রাজযোগ' থেকে উদ্ভূত হলেও, এটি সম্পূর্ণরূপে বর্তমান জীবনধারার উপযোগী। 'রাজযোগ' দ্বারা নির্দিষ্ট ধ্যান ও মনন পদ্ধতিগুলো অন্তরের শান্তি, মনের প্রশস্তি এবং ব্যক্তিগত কল্যাণ সাধন করে। অধ্যাত্মবাদ ও তার শিক্ষাপ্রণালী যাতে সর্বজনের কাছে পৌঁছে দেওয়া যায়, এই উদ্দেশ্যে 'ব্রহ্মকুমারী', জাতি, ধর্ম ও আয়ু নির্বিশেষে সমস্ত মানবজাতির কাছে অবারিত দ্বার খুলে দিয়েছে। যে কেউ এদের নিকটবর্তী কেন্দ্রে গিয়ে রাজযোগ ধ্যান পদ্ধতি শেখবার নির্দিষ্ট সময় নির্বাচন করে, ৭ দিনের প্রাথমিক পাঠ, প্রতিদিন ১ ঘন্টা হিসেবে, বিনামূল্যে পেতে পারেন। জনসাধারণ চাইলে, এদের বিশ্বজুড়ে পরিচালিত 'আধ্যাত্মিক শিক্ষা পদ্ধতি'র লাভও নিতে পারেন। এছাড়াও এরা বিভিন্ন শিক্ষাপ্রণালীর দ্বারা ব্যক্তিগত ও 'corporate' দের জন্য সংলাপ

সংক্রান্ত, সামাজিক কার্যক্রম, অন্তরধর্মীও কার্যক্রম, আলোচনাসভা ইত্যাদির সুবিধা দিয়ে থাকেন।

ওয়েবসাইট   http//www.brahmakumaris.org
ভারতবর্ষের কেন্দ্র   https//www.brahmakumaris.com/centers/
বিশ্বব্যাপী কেন্দ্র   https//www.brahmakumaris.org/centre-locator/

পাঠকদের জন্য

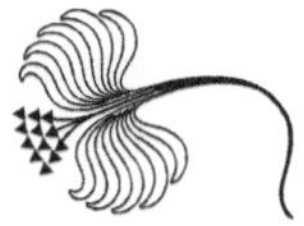

প্রিয় সুখী বন্ধুগণ,

ওম শান্তি। সুখ ও শান্তির শুভেচ্ছা নেবেন।

আপনি, নিজের ব্যক্তিত্বে, সুখের অস্তিত্বের সূচনা নিয়ে যে দৃঢ়তা ও সংকল্পের সিদ্ধান্ত নিয়েছেন, তার উজ্জ্বল প্রমাণ স্বরূপ, এই বইটির প্রতি আপনার অনুরাগ জন্মেছে।

আপনাকে অভিনন্দন জানাই প্রথম পদক্ষেপের জন্য। বিনীত ভাবে জানাই, এই বইয়ের মাধ্যমে আপনি সন্ধান পাবেন, নিজের ঈপ্সিত সুখের।

'নতুন সূর্যোদয়—ব্রহ্মাকুমারীদের সাথে' পদচিহ্ন অনুসরণ করে যেদিন আমার যাত্রা শুরু হয়েছিল, সেইদিন পৃথিবীর সমস্ত দুঃখের সূত্র নিজের অন্তরের গভীরে অবস্থিত বিষণ্ণতায় সহজেই অনুভব করতে পেরেছিলাম। শিশু থেকে বয়োজ্যেষ্ঠ, সকলেই প্লাবিত ছিলেন এই অন্তর্মন ও বহির্জগতের চরম বিশৃঙ্খলায়। সবাই সুখের খোঁজ করছিলেন, কিন্তু, কোথায়,কিভাবে,কখন তাকে পাওয়া যাবে, সেই সম্বন্ধে অবগত ছিলেন না। জীবন দর্শনের প্রতি এক উজ্জ্বল দৃষ্টিভঙ্গি নিয়ে দেখার অভিপ্রায়ে সূচনা হয়েছিল একটি ধারণার, যেখানে সুখকে মধ্যমণিরূপে রেখে আলোচনা করা আবশ্যক।

এইভাবেই সূত্রপাত হয় 'চিরন্তন সুখ' (Happiness unlimited) নামক টেলিভিশন-অনুষ্ঠানটির। মাত্র ৩০টি অধ্যায়ের মাধ্যমে সুখের সবকটি দিক ও স্তর নিয়ে সেখানে চর্চা করা হয়।

এই অনুষ্ঠানটি পৃথিবীব্যাপী মানুষের কাছে সমাদৃত হয়েছিল। এক অর্থে এই অনুষ্ঠানের দ্বারা, ব্যক্তি, পরিবার ও সমাজের সমস্ত শান্তি ও সুখের এক এবং অদ্বিতীয় সমাধানের উদ্ভব হয়েছিল।

সুখের মতন সমৃদ্ধশালী এক অনুভূতিকে, নিজ জীবনে অর্থপূর্ণ ভাবে নিয়ে আসার এবং যথার্থরূপে প্রতিফলন, মন্থন ও অবলম্বনের জন্য সময়ের ভূমিকা অপরিসীম। সেই উদ্দেশ্যেই, দর্শকদের নিয়মিত এক পথপ্রদর্শকের প্রয়োজন হয়; যার দ্বারা তারা টেলিভিশন অনুষ্ঠানটির থেকে আহরিত জ্ঞানের মূল্যায়ন করতে সমর্থ হবেন।

আপনার জীবনের রোজনামচায়, সুখের অভিজ্ঞতার ফসল, ঘরে, বাইরে, অফিসে বা ছুটির অবকাশে, সর্বদাই এবং সব পরিস্থিতিতে, এই বইয়ের পাতায় পাতায় উপহার রূপে, সতঃ বিকশিত হয়ে থাকবে।

এই বইটিকে নিজের আধ্যাত্মিক গ্রন্থাগারে সংযোজনের মাধ্যমে আপনি পঠন,চিন্তন ও গঠনের হাত ধরে নিজের অন্তরকে পরিস্ফুটিত করে তুলবেন। এক সুস্পন্দনহারের সূত্র ধরে আপনার মন বিরতি নিয়ে উপলব্ধি করবে, চারপাশের সমস্ত কিছু অত্যাশ্চর্যভাবে উন্নত হয়ে উঠেছে।

বি কে শিবানী

সুখের খোঁজে: একটি বাস্তব উপলব্ধি

একটা সময় আসে যখন সমস্ত জীর্ণতা আর গতানুগতিকতা ভুলে অন্তরের সৌন্দর্যকে জাগিয়ে তুলতে হয়। এখন সেই সময় উপস্থিত। সময় হয়েছে জেগে ওঠার, সময় হয়েছে মন কে সজীব ও প্রাণবন্ত করে, জীবনকে নিয়ন্ত্রণ করার। বস্তুত ব্রহ্মাকুমারীদের সঙ্গে জেগে ওঠার সময় উপস্থিত।
ওম শান্তি!

সুরেশ ওবেরয়: 'সুখ' বিষয়টিকে নিয়ে কেন এত জোর দেওয়া হয়?
ভগিনী শিবানী: মানব জীবনের প্রধান লক্ষ্য হলো 'সুখ' নামের পাখিটির বাসা খুঁজে পাওয়া। আমরা কি করি, কোথায় যাই, আমাদের কর্মদক্ষতা ইত্যাদির সঙ্গে 'সুখের' উপলব্ধি ও সন্ধান ওতপ্রোত ভাবে জড়িয়ে আছে। এই অব্যক্ত আবেগের সম্পূর্ণতা ও তার সঙ্গে এক দীর্ঘস্থায়ী এবং বাস্তব সুখের সৃজনে, এই বিষয়টিকে নিয়ে আলোচনার প্রয়োজন আছে।

সু ও: আপনি বলছেন যে আমরা সুখ খুঁজছি। কিন্তু আমাদের এই অন্বেষণ কিসের মাধ্যমে?

ভ শি: আমাদের সুখ খোঁজার রাস্তাগুলো খুব মজার। এই যেমন ধরুন কেউ খোঁজেন অধিকারের পথে, কেউ বা সম্পর্কের আড়ালে, আবার কেউ সম্পত্তি বা স্বাস্থ্যকে কেন্দ্র করে। আজকের দিনে কাউকে আপনি জিজ্ঞেস করে দেখুন যে, জীবনে সে কী চায়? শুনবেন, বলছে 'সাফল্য'। তা সাফল্য ভালো ব্যাপার, কিন্তু তার পরিণতি তো গিয়ে ঠেকছে ওই 'সুখেই'। আবার ধরুন জিজ্ঞেস করলেন, বস্তুকেন্দ্রিক জীবনের যথার্থতা কী? উত্তর পাবেন, এতে পরিবার ও জীবনে 'সুখ' আসে। আর কি জানেন? সম্পর্ক তৈরির সবচেয়ে বড় কারণই হল একে অন্যের মধ্যে 'সুখ' খুঁজে পাওয়ার চেষ্টা। মোদ্দা কথা হলো, সবাই ওই একটি অনুভূতির প্রতি কেন্দ্রীভূত যার নাম—সুখ।

সু ও: এই সব উপায় থেকে উদ্ভূত সুখের পরিমাণ খুবই সীমিত, তাই না?

ভ শি: অবশ্যই। আর, আদতে আমাদের এটাও জানা দরকার যে, এই সব পদ্ধতি আমাদের প্রকৃতপক্ষে সুখ দিতে পারে কিনা।

সু ও: এই সবকিছুই ক্ষণস্থায়ী—যেমন বাচ্চারা একটা খেলনা ভাঙলে আর একটা চেয়ে বসে, সেটা ভাঙলে আর একটা। আসলে আমরা কী চাই? যদি সুখই হল আমাদের প্রধান কাম্য, তাহলে সেটা কি স্থায়ী হতে পারে না?

ভ শি: সুখ নিজের মধ্যে স্বয়ংসম্পূর্ণ। তার কোনো মাধ্যমের দরকার পড়ে না। সে চিরস্থায়ী এবং স্থির। যখন সুখ নিজের স্বাভাবিক ছন্দে আমাদের কাছে আসে, তখন আর কোনো কিছুর উপরে আমাদের নির্ভর করার প্রয়োজন হয় না। কিন্তু যেই মুহূর্তে আমরা সুখকে, কোনো কিছুর অনুজীবী করে তুলি তখনই সে চঞ্চলা ও ক্ষণস্থায়ী হয়ে পরে।

দেখুন সোজা কথায়, যদি নিজের অস্তিত্বের বাইরে গিয়ে সুখ কে খোঁজেন, তাহলে পারিপার্শ্বিক পরিস্থিতির উপরে আপনাকে নির্ভরশীল হতেই হবে। আর তখন সুখের পায়ের শেকল খসে পড়বে। অনুকূল আবহাওয়ার সঙ্গে নিজের সুখ কে বেঁধে রাখলে, প্রতিকূল অবস্থায় সুখের পরিভাষা বদলে যেতে পারে বৈকি।

সু ও: বাসনা এবং নির্ভরতা থেকে দূরে গিয়ে সুখ খুঁজে পাওয়া সম্ভব?

ভ শি: আমরা আমাদের জীবনে যে সব পুরোনো বিশ্বাস পদ্ধতির দ্বারা চালিত হয়ে থাকি, তাদের মধ্যে অন্যতম হল যে, সুখ বা আনন্দ অর্জন করা যায় বহিরাগত মাধ্যম থেকে। যেমন ধরুন, সাফল্য অথবা কোনো মানুষের সঙ্গে সম্বন্ধ কিংবা যা দিয়ে আমাদের পার্থিব সত্তার গঠন হয়েছে। এর মর্মার্থ হল, 'আমি যা করছি তাতে আমি হয়তো সুখী হলেও হতে পারি'। আর যদি সেই কাজটি সঠিক ভাবে সম্পন্ন হয়, তাহলেই আমি খুশি হবো। এর গভীরে গেলে বোঝা যায় যে এখানেও নির্ভরশীলতা কাজ করছে। তবে সেটা এখন কোনো কাজের যথার্থ সম্পাদনার সঙ্গে জড়িত। একটি শিশুর জীবনের অগ্রগতির পথে—সে পরীক্ষায় কত ভালো নম্বর পেলো, তার উন্নতি, অথবা তার পোশাক পরিচ্ছদের সুরুচি-বোধ ইত্যাদির সঙ্গে, তার পিতা মাতার সুখ বিজড়িত থাকে। এভাবেই এই বিশ্বাস আমাদের অস্থি মজ্জার সঙ্গে মিশে আছে।

ধীরে ধীরে একটি শিশু বুঝতে শেখে যে, তার মাতা পিতার জীবনের সুখের জন্য সেই দায়ী। যদি তাঁরা সুখী হন, তবেই সে সুখী থাকবে, অন্যথা নয়।

সু ও: সুখের প্রকৃত অর্থ আপনি বোঝাতে পারবেন? আর নির্ভরশীলতার থেকে দূরে থেকে কী করে সুখ কে উপলব্ধি করা যায়?

ভ শি: আগে আমাদের জানতে হবে কোন কোন কারণের জন্য আজকাল সুখ, নির্ভরশীল হয়ে পড়েছে। খুব সরল অর্থে বলা যায় বর্তমানে সুখ 'বস্তুকেন্দ্রিক'। যেমন, 'আমার নতুন গাড়ির জন্য আমি খুশি'; 'এই তো আমি খুশি, কারণ আমার নতুন স্থাবর সম্পত্তি হয়েছে'; 'আমার সুখের পরিভাষা একমাত্র কেনাকাটার মধ্যেই নিহিত'।

সু ও: এতে দোষ কোথায়? এটাই তো সবচেয়ে স্বাভাবিক?

ভ শি: সবচেয়ে প্রয়োজনীয় হল, এর ভেতরের সত্যটাকে বোঝার। কার্যত এই সব নির্ভরশীলতা কি আমাদের সুখী করতে পারছে?

সু ও: আমি যদি একটা নতুন গাড়ি কিনি, অবশ্যই আমার ভালো লাগবে।

ভ শি: নিশ্চই। তবে ভেবে দেখুন, এই গাড়ি কি আপনার লব্ধ সুখ সত্যি পাইয়ে দেবে?

'আমি যদি একটা নতুন গাড়ি পাই, তাহলে আমি খুশি হব' বেশ! তবে কি গাড়ি না পেলে, আমি খুশি হতে পারব না? আর যদি ১০ দিন পর কোনো কারণে এই গাড়িতে হঠাৎ দাগ লেগে যায়, তাহলে যেহেতু এই গাড়ির সঙ্গে আমার খুশি জড়িয়ে আছে, তবে আক্ষরিক অর্থে এই দাগ আমার সুখকেও প্রভাবিত করবে? কিন্তু প্রকৃত সত্য অন্যরকম। যতই সুখ ও স্বাচ্ছন্দের অনুভূতি আমার এই ব্যয়বহুল গাড়ি আমাকে দিক, যত আরামের পরিভাষা নতুন করে আমার এই শরীরকে সে বোঝাক, তার দামি আসন, শীততাপনিয়ন্ত্রণ যন্ত্র বা মধুর সংগীতের মাধ্যমে, একটি দুঃসংবাদ ঠিক সেই সময় আমার সমস্ত আনন্দকে সমাপ্ত করে দিতে পারে। তার পরেও কি আমি বলব যে আমি সুখী?

সু ও: না তা সম্ভব নয়।

ভ শি: কিন্তু আমার শরীর তো সুখ-স্বাচ্ছন্দে আছে, কারণ আমি একটা ভীষণ আরামদায়ক গাড়িতে বসে আছি। আসলে আমাদের বোঝা উচিত যে, গাড়ির কাজ হলো, আমার সমস্ত বাহ্যিক পরিস্থিতির থেকে নিরপেক্ষ হয়ে শুধু এই শরীরটিকে আরামে রাখার।

সু ও: তাহলে কি সুখ আর স্বাচ্ছন্দ দুটো আলাদা জিনিস?

ভ শি: হ্যাঁ। যাই বস্তুতান্ত্রিক, তাই আমার শরীর কে স্বাচ্ছন্দ দেবে। এই চেয়ারে বসে, শারীরিক ভাবে আমি স্বাচ্ছন্দ বোধ করছি। কিন্তু আমার মন ভুল করে এই অনুভূতিকে 'সুখের' নাম দিয়েছে।

সু ও: আমাদের এই ধারণা কি ভুল?

ভ শি: ছোটবেলা থেকে আমাদের এইভাবেই ভাবতে শেখানো হয়েছে। এখন, বয়সকালে আমাদের এই ধারণাগুলোকে প্রশ্ন করার সময় এসেছে।

সু ও: অভিভাবকরা, বাচ্চাদের জন্য জিনিস কেনে বা তাদের বাইরে বেড়াতে নিয়ে যায় এই ভেবে যে তাতে শিশু খুশি হবে।

ভ শি: অবশ্যই। দেখুন আজ আমরা এক স্বাচ্ছন্দ্যময়, আরামদায়ক জীবন যাপন করছি। আমাদের ভালো বাড়ি আছে, দামি গাড়ি আছে, জীবনকে আরামে কাটাবার জন্য যাবতীয় যন্ত্রপাতি সব আছে। তাহলে বলুন তো আমরা কেন সুখের খোঁজ করি? এতসব জাগতিক স্বাচ্ছন্দ্যের মধ্যে, আমাদের সুখ কোথায় হারিয়ে গেলো?

আমরা এইসব জিনিস থেকে আরামের একটা জীবন পেয়েছি মাত্র, সুখ নয়।

সু ও: গাড়ির প্রসঙ্গে ফিরে যাই। বাড়ি থেকে আসা দুঃসংবাদটি স্বাচ্ছন্দ্যের অনুভূতিগুলোকেও অসাড় করে দেয়।

ভ শি: মনে করুন আপনি গাড়ি করে কোথাও যাচ্ছেন। আরামে বসে আছেন ও গাড়ি চালাবার আনন্দ উপভোগ করছেন। এমন সময় আপনার বাড়ি থেকে কোনো দুঃসংবাদ ফোনের মাধ্যমে জানানো হল। যখন আপনার মন অস্বস্তিতে থাকবে তখন অনুভব করবেন যে, শারীরিক আরামের কোনো মূল্য আর থাকছে না। আমার স্থূল অস্তিত্বে যদিও বা আরামের অনুভূতি বিরাজ করছে, কিন্তু আমার অন্তরের 'সত্তা' অস্থির হয়ে উঠেছে।

যে মুহূর্তে আমি সুখকে খোঁজার চেষ্টা করছি, সেই মুহূর্তে আমার শারীরিক স্বাচ্ছন্দ্যের কোনো মূল্য থাকছে না। আবার এটার বিপরীতও সম্ভব, যেমন আমি কোথাও আসন পেতে মাটিতে বসে আছি, আর আমার পায়ে কষ্ট হচ্ছে, কিন্তু অন্তরের এক নৈসর্গিক সুখের জন্য আমি সম্পূর্ণ মাত্রায় আরামে আছি।

সু ও: কী করে একজন এই অনুভূতিকে জানতে পারবে? বুঝতে পারবে?

ভ শি: সবার আগে আমাদের বুঝতে হবে যে, শারীরিক স্বাচ্ছন্দ্য, মানসিক সুখের থেকে সম্পূর্ণভাবে আলাদা। ধরুন আমরা অন্তরের সুখকে জানতেই

পারলাম না, আর শারীরিক আরামকেই জীবনে প্রাধান্য দিতে শুরু করলাম। এই যেমন আজকাল আমরা সুখকে বাজারে কেনবার চেষ্টা করি। আর মনে করি, এই কেনাকাটার মধ্যে দিয়েই আমরা জীবনের সুখ খুঁজে পাবো। জিনিসপত্র কেনায় কোনো দোষ নেই, শুধু বুঝতে হবে এইসব জাগতিক বস্তু আমাদের আরামে রাখতে সাহায্য করে মাত্র। অন্তরের সুখের পরিপূরক এরা নয়।

আমার নিজেকে, নিজের কাছে স্পষ্ট রাখা দরকার। জানা দরকার, কেন আমি কোনো কিছু কিনি। বস্তুবাদের সঙ্গে নৈসর্গিক সুখকে একাত্ম করলে, নতুন নতুন শর্তের আধিপত্যে মনের শান্তি আরো দূরে চলে যাবে। আমি যদি একটা বাড়ি বানাতে শুরু করি আর ভাবি যে, সেটা তৈরি হলে আমি খুব সুখী হবো তাহলে যতদিন সেটা তৈরি না হচ্ছে ততদিন আমার সুখ মুলতুবি থাকবে। আরো প্রাঞ্জল করে বলতে গেলে, একটি শিশুর কথা ভাবা যাক। যখন সে শৈশবে থাকে তখন মনে করে কবে বড় হবে। কবে স্কুল থেকে বেরোবে আর পরীক্ষার বেড়াজাল থেকে মুক্ত হবে। সে ভাবে যে, কলেজে গেলেই হয়তো সবচেয়ে বেশি খুশি হবে। কলেজের পড়ার সময় ভাবে, কবে রোজগার করবে। তারপর বিয়ে, পরিবার। এবং তারপরেও সুখ অধরাই থেকে যাবে, যতদিন তার ছেলে-মেয়েরা স্থায়িত্ব খুঁজে না পাবে। এবারে, আরো কিছু বছর পর একদিন সন্তানেরাও নিজেদের পায়ে দাঁড়িয়ে যাবে আর সবকিছু সুন্দর ভাবে চলবে। কিন্তু এখানেই শেষ নয়। এবারে সে ভাববে, আসল সুখ তো তখনি আসবে যখন সে চাকুরি জীবন থেকে অবসর নেবে। এই ভাবেই সে নিজের জীবনের প্রকৃত 'সুখ'-কে পরবর্তী সময়ের জন্য স্থগিত করে চলবে আর নিজের অজান্তেই এক কাল-চক্রে পড়ে ঘুরপাক খাবে। যে চক্রের মাত্র একটাই পরিভাষা—'যখন আমার এই বিশেষ কাজটি সম্পন্ন হবে, তখনি আমি সুখী হব।'

সু ও: কি ভীষণ পীড়াদায়ক বিষয়!

ভ শি: সত্যি তাই। আর ঠিক এই কারণেই আমরা কখনোই সুখী নই।

সু ও: প্রচণ্ড বিত্তশালী ও অর্থবান মানুষ যাদের নিজেদের উড়োজাহাজ বা আধুনিক বিলাসবহুল নৌকো আছে, তারাও দেখেছি সুখের খোঁজ করে চলেছে। এই খোঁজার শেষ কোথায়?

ভ শি: প্রথমে জানতে হবে যে সুখ, শারীরিক স্বাচ্ছন্দ্যের থেকে সম্পূর্ণ ভিন্ন। দ্বিতীয়ত, বুঝতে হবে যে সুখ আমি নিজে, নিজের অন্তরে তৈরি করি। এর অন্য কোনো মাধ্যমের দরকার পরে না। আমি একটা গাড়ি কিনে নিজেকে সুখী বলতে পারি। গাড়ি একটি জড় বস্তু, অতএব, এর কোনো অনুভূতি বা আবেগ নেই। তাহলে অবশ্যই এই গাড়িটি আমাকে কোনো সুখ দিচ্ছে না। তাহলে কি দিচ্ছে? আমি এক্ষেত্রে ভাবছি—'যা চেয়েছিলাম এতদিনে, সেটা আজ আমি কিনতে পেরেছি'। এটা একটা ধনাত্মক চিন্তা।

একই ঘটনা অন্যভাবে বলা যায়। যেমন, যখন কেউ একটা গহনা দোকান থেকে কেনে, 'সুখ' কি ওই গহনার সঙ্গে জড়িয়ে থাকে? নাকি সেই ধনাত্মক চিন্তাই তার মনকে উদ্ভাসিত করে তোলে?

সু ও: তাহলে ওই গহনাটি ধনাত্মক চিন্তার জন্য দায়ী।

ভ শি: মনের ভেতরে প্রতিক্রিয়া সৃষ্টির জন্য আমাদের অনুপ্রেরণার প্রয়োজন হয়। এক্ষেত্রে সেটা কোনো বস্তু হতে পারে। যেমন একটা গহনা বা একটি গাড়ি। সেই আকাঙ্ক্ষিত বস্তু হাতে পেলে যখন আমরা ভাবি 'কি সুন্দর একটি গহনা আমি পেলাম।' তাহলে বলুন তো, কে এই ভাবনার স্রষ্টা?

সু ও: এটা একটা জটিল বিষয়। এই চিন্তার স্রষ্টা কে? আমি? নাকি আমার আকাঙ্ক্ষিত বস্তুটি?

ভ শি: একটি জড় বস্তুর তো কোনো ক্ষমতা নেই। সেটা কোনোভাবেই 'চিন্তার' বা 'অনুভূতির' জন্ম দিতে পারে না। বরং আমি যখন জিনিসটাকে দেখছি তখন নিজেই এই ভাবনাকে সৃষ্টি করে ভাবছি—'কি সুন্দর একটা জিনিস আমি কিনেছি!'

এবারে দেখুন, কেউ আমার ঘরে আসলো আর বলল যে জিনিসটা নকল। এবারে কী ঘটবে? এখন কে আমার মনে প্রতিক্রিয়ার সৃষ্টি করছে? যদি ধরে নি, অনুপ্রেরণা দায়ী আমার মনের প্রতিক্রিয়ার জন্য, তাহলে পরিস্থিতির

পরিবর্তনে তার উপরে কোনো প্রভাব পড়া উচিত নয়। তাছাড়া, যদি আমি এই গহনাটি আরো দশজনকে দেখাই, তাহলে তারা প্রত্যেকেই কি একই প্রতিক্রিয়া দেবে? কেউ হয়তো বলবে 'জিনিসটা বড় উগ্র রুচির।' কেউ বলবে 'দুঃখিত, আমার গহনা জিনিসটাই পছন্দের নয়।' তৃতীয়জন বন্ধু বলতে পারেন 'আমার বেশ লাগছে, তবে এ আমার সাধ্যের বাইরে।' কিন্তু ভেবে দেখুন, প্রতিটি ক্ষেত্রেই গহনাটি কিন্তু সেই একই রয়ে গেল।

সু ও: জিনিসটির প্রতি আমার প্রতিক্রিয়া একান্তই আমার নির্বাচন।

ভ শি: হ্যাঁ, এটা আমার চিন্তার একটি অঙ্গ।

সু ও: আমার প্রতিক্রিয়া হচ্ছে, যার অর্থ আমি সৃষ্টি করছি। আমি সুখ এবং দুঃখ দুটোরই স্রষ্টা।

ভ শি: একটা মাত্র গহনা আমাদের তৃপ্ত করতে পারে, অহংকারী করে তুলতে পারে, অথবা আমাদের খারাপ লাগার কারণও হয়ে উঠতে পারে। প্রতিটি ক্ষেত্রেই, অনুপ্রেরণা ও বস্তু দুটো একই থাকছে। যদি বস্তুটির চিন্তা সৃষ্টি করার ক্ষমতা থাকতো, তাহলে সবার মনে একই প্রতিক্রিয়া তৈরি হতো।

আপনার চারদিকের সবুজের সমারোহ দেখুন। এই সৌন্দর্য দেখে, আপনি হয়তো মুগ্ধ হবেন, এর তারিফ করবেন। আবার কেউ হয়তো একে সম্পূর্ণ অবজ্ঞা করে, এর মাধুর্যের বিন্দুমাত্র পরোয়া না করে পাশ দিয়ে হেঁটে চলে যাবে।

এখানে মাত্র একটাই প্রেরণা, অথচ তার অনেকগুলো প্রতিক্রিয়া। আর এই প্রতিক্রিয়া সমষ্টির বিকল্পের সৃষ্টিকর্তা, কেবলমাত্র আমি।

সু ও: মানলাম, আমিই স্রষ্টা, এবং আমি নিজেই সুখ এবং দুঃখ সৃষ্টি করছি। কিন্তু কোনো প্রেরণা ছাড়া কেউ এদের কি করে তৈরি করবে?

ভ শি: আমাদের অজ্ঞতাই এর জন্য দায়ী। আমরা ভাবি এই সব চিন্তাভাবনা, বহির্গত কোনো কিছুর দ্বারা চালিত।

আপনি যদি আমাকে কোনো রূঢ় কথা বলেন, তাহলে আমি আহত হবো। আমি হয়তো এক্ষেত্রে বুঝতে পারছি না, যে এই অনুভূতিটি আমারই মনের

সৃষ্টি। আমি সরাসরি বললাম—তুমি আমাকে আঘাত দিয়ে কথা বলেছ। আমার বদ্ধমূল ধারণা হয়ে দাঁড়ায় যে, এই আঘাতজনিত ব্যাপারটি, বাইরের থেকে আমার মনে আনা হয়েছে। আমি আশা করবো আপনি আমার সঙ্গে বিনম্র ভাবে কথা বলবেন, এবং অবশ্যই ক্ষমাপ্রার্থী হবেন। যেই মুহূর্তে আপনি স্বীকার করলেন নিজের ভুল, তখনি আমার মন ভালো হয়ে গেল। এটাই তো নির্ভরশীলতা।

সু ও: আমি তো বলতে পারি যে, আমি আপনাকে আঘাত করতে চাইনি।
ভ শি: কিন্তু তবুও আমি বলবো যে আপনি আমাকে আঘাত করেছেন। পারিপার্শ্বিক সবাইকে বলবো... আমাকে আপনি আঘাত করেছেন... আমি আপনার জন্য দুঃখ পেয়েছি... আমি ঈর্ষান্বিত, আপনার জন্য... আমি সুখী আপনারই জন্য।

সু ও: তাহলে তো যা কিছু হচ্ছে, তার জন্য আমার নিজের কোনো দায়িত্ব নেই। সব কিছুর জন্য অন্যদের দায়ী করা যায়।
ভ শি: ঠিক তাই, কোনো নিয়ন্ত্রণ নেই, কোনো দায়িত্ববোধ নেই। যদি এভাবেই আমরা বাইরের পরিস্থিতির উপরে নির্ভরশীল হয়ে পড়ি, তাহলে স্পষ্টতই, আমরা সেই পরিস্থিতিরই শিকার।

সু ও: তবে একে কি দুর্বলতা বলা চলে না?
ভ শি: এভাবেই কি আমরা জীবনযাপন করছি না? একবার যদি আমরা বুঝতে পারি যে, কোনো বহির্গত বিষয়বস্তু আমাদের নিয়ন্ত্রণ করতে পারে না, তখনি কিন্তু আমরা এই চক্রবর্ত থেকে মুক্ত হয়ে যাব। আমরা স্বাধীন হয়ে যেতে পারি। আধ্যাত্মিকতা আমাদের স্বতন্ত্র হতে শেখায়। যেই সমস্ত বন্ধন আমাদের আষ্টেপৃষ্ঠে বেঁধে রেখেছে, যাদের জন্য, আমরা নিজেদের প্রকৃত সুখ কে স্থগিত রাখি, সেই সব নির্ভরশীলতা থেকে আধ্যাত্মিকতা আমাদের মুক্ত করে। আমাদের বিশ্বাস জন্মায় যে, সুখ তখনি আসবে যখন আমাদের অভিলাষ পূর্ণ হবে।

সু ও: নিজের প্রয়োজনীয়তা ভুলে, আমি কি করে সুখী হতে পারব?

ভ শি: আমরা তো বস্তুকেন্দ্রিক বিষয় নিয়ে আলোচনা করি, আর সাফল্য? আমরা বলি—'আমি লক্ষ্যে পৌঁছতেই পারলাম না, আমার ইচ্ছা অসম্পূর্ণ রয়ে গেল। তাহলে আমি কি করে সুখী হব?' আমাদের তো এটাই বোঝানো হয়েছে যে একমাত্র সফল লোকেরাই জীবনে সুখী হতে পারে।

সু ও: এটা কি স্বাভাবিক নয়? যদি আমি তিনবার চেষ্টা করেও চাকরি না পাই, তাহলে কি আমি অসুখী হব না?

ভ শি: আমার ধারণা যে, মনের সুখ, চাকরি পাওয়ার উপরে নির্ভর করে আছে। আর এই ধারণা এতটাই স্বাভাবিক যে, আনুসাঙ্গিক সমস্ত ক্রিয়া যেমন, উত্তেজনা, রাগ, ভয়, দুঃখ সমস্ত কিছুই স্বাভাবিক লাগে। কিন্তু অনাবিল সুখ তো সহজে ধরা দিতে চায় না। সমস্যা ও ব্যতিক্রমী মুহূর্ত জীবনে আসবেই কিন্তু নির্বাচন আমাদের করতে হবে, কী ভাবে আমরা সেসবের সঙ্গে যুঝবো। আমরা চাইলে হতাশ হতে পারি, অথবা এই সংগ্রামের মুহূর্তগুলোর সঙ্গে আশাবাদী হয়ে মুখোমুখি হতে পারি। সেইসব যাবতীয় পরিস্থিতি যা আমাদের জন্য তৈরি হয়েছে, তারা কেবলমাত্র বহিরাগত ব্যতীত আর কিছু নয়।

সু ও: কিন্তু ওই বাইরের পরিস্থিতিটাই মনকে কষ্ট দেয়।

ভ শি: সেটা নিজের পছন্দের উপরে নির্ভর করে। সবাইকে কিন্তু কষ্ট দেয় না। যেমন ধরুন, অসফলতায় কেউ দুঃখ পায়, কেউ তার থেকেও চরম পদক্ষেপ নেয়...আত্মহননের। আবার কেউ এটাও বলে, 'যা গেছে তা যাক, আমি আবার চেষ্টা করব', আর সেই চেষ্টার ফলস্বরূপ সাফল্যের সুখ পায়। তাহলে দেখুন, পরিস্থিতি এক হওয়া সত্ত্বেও প্রতিক্রিয়া ভিন্ন হতে পারে।

তাই, যদি আমরা ভাবি যে আমাদের চিন্তা এবং অনুভূতির রাশ শুধু আমাদের হাতের মধ্যে আছে, তাহলে আমাদের জীবনের বাঁচার পদ্ধতি বদলে যেতে পারে।

সু ও: ঘটনার আকস্মিকতা ও প্রতিক্রিয়ার মাঝে, সময় খুব কম পাওয়া যায়।

ভ শি: এই জন্য আমরা একটা স্বয়ংক্রিয় যান্ত্রিক জীবনযাপন করছি। একটা যন্ত্র আর মানুষের মধ্যে তফাৎ কোথায় জানেন?

একটি যন্ত্র সম্পূর্ণরূপে তার নিয়ন্ত্রকের হাতের চাকর মাত্র। তার চালু হওয়া, বন্ধ হওয়া, সমস্ত কিছু নির্ভর করে নিয়ন্ত্রকের ইচ্ছের উপরে। কিন্তু মানুষের ইচ্ছাশক্তি আছে, তার নির্ণয় করার ক্ষমতা আছে। কেউ এসে আমার ভেতরে কোনো যান্ত্রিক নিয়মানুবর্তিতার কর্মকান্ড শুরু করতে পারবে না। এটা আমাদের ভুলে গেলে চলবে না যে আমরা মানুষ, আমাদের প্রত্যক্ষ প্রতিক্রিয়া দেখানোর কোনো বাধ্যবাধকতা নেই। আমরা নিজেদের ইচ্ছা অনুযায়ী কাজ করতে পারি।

যান্ত্রিক পদ্ধতিতে কাজ, একমাত্র যন্ত্রের দ্বারাই সম্ভব। আর সেই কারণেই তো তারা যন্ত্র।

সু ও: কিন্তু, আমরা তো আর সাধু-সন্ত নই, আমাদের জীবন স্বয়ংক্রিয় পদ্ধতিতেই চলে।

ভ শি: এখানে সাধু-সন্তের কথা আসছে না। এখানে মনুষ্যত্বের কথাই প্রধান। আমাদের জানা দরকার যে আমরা মানুষ, এবং আমাদের নিজস্ব ইচ্ছা আছে। কেউ যদি আমাদের অনুভূতিকে নিয়ন্ত্রণ করতে চায়, সেক্ষেত্রে আমরা তার প্রভাবের গুরুত্ব নির্বাচন করতে পারি।

সু ও: আপনার দৈনিক মনন ও চিন্তন পদ্ধতিগুলোর সম্মন্ধে কিছু বলুন। আপনার অন্তরের সৃজনশীলতা এবং বাইরের ঘটনা-প্রবাহের প্রভেদ বুঝতে, কতটা সাহায্য আপনি এর থেকে পান? চিরাচরিত মতে, মন ধ্যানকেন্দ্রিত হলে, চিন্তাশূন্যতা আসে। কিন্তু, কিছু না ভাবা খুব একটা সহজ কাজ তো নয়।

ভ শি: একটি ধ্যানকেন্দ্রিত মন, চিন্তনকে বন্ধ করতে সাহায্য করে না। এর দ্বারা আমি নিজের ভাবনার প্রতি সচেতন হতে পারি এবং তার চয়ন করতে সক্ষম হই।

সু ও: কি করে নিজের চিন্তার প্রতি সংবেদনশীল হওয়া যায়?

ভ শি: ঠিক যেমন আমরা নিজেদের বক্তব্যের প্রতি সংবেদনশীল, তেমন করেই।

সু ও: আমি তো হতে পারি না।

ভ শি: আপনার কথাবার্তায় তো কোনো যান্ত্রিক প্রভাব নেই। আপনি নিজের ইচ্ছায় ঠিক করেন আপনি কি বলবেন, কোথায় বসবেন, কি করবেন, কখন উঠবেন, হাঁটবেন বা ঘুমোতে যাবেন।

আমরাই আমাদের জীবনের ক্রিয়াকলাপ এবং শব্দের চয়ন করে থাকি। কখনো কখনো হয়তো মনে হয় যে চিন্তাগুলো বড় দ্রুত এসে পড়ছে, সেক্ষেত্রে স্বয়ংক্রিয়তার একটা ধারণাও মনে তৈরি হয়। আমরা মানুষের কাছে ক্ষমাপ্রার্থী হয়ে বলি—'আমি এভাবে বলতে চাইনি', তাই এর ঠিক পরবর্তী পদক্ষেপ হল, আমার নিজের ভাবনার প্রতি সজাগ হয়ে, সঠিক ভাবে নিজের চিন্তা ও প্রতিক্রিয়া নির্বাচন করা। একটি সহজ প্রক্রিয়া দ্বারা এই কাজ করা যায়। আমরা সকালে শুরু করতে পারি, আবার দিনের যে কোনো সময়ও করা চলে— সেটি হল নিজের চিন্তাকে পর্যবেক্ষণ করা। নিজেকে সম্পূর্ণ নিষ্ক্রিয় করে নিজের চিন্তার উপরে মনন করা।

'আমি এই মুহূর্তে কি নিয়ে ভাবছি হয়তো নিজের পরিবার, বন্ধু-বান্ধব বা কাজ নিয়ে... একবার নিজের চিন্তার মধ্যে প্রবেশ করে দেখি...

নিজের দিকে তাকিয়ে দেখি, সারাদিন আমি কি করলাম। গাড়ি চালিয়ে কাজে গেলাম... মানুষের সঙ্গে মিশলাম... আমি কাজ করছি নিজের মতো করে। আমি স্থির করছি আমার কি করা উচিত। যা কিছু আমি বাইরে করছি, আমার নিজের অন্তরের অনুভূতির প্রতি নিজের সম্পূর্ণ নিয়ন্ত্রণ আছে। পরিস্থিতি, লক্ষ্য, মানুষ, উদ্দেশ্য... সমস্ত কিছু বহিৰ্ভূত বস্তু। আমি নিজেকে

উপলব্ধি করছি, দেখছি। আমার নিজের স্পর্শকাতরতা, আমার নিজের চিন্তার প্রবাহ, অতঃপর আমার প্রতিক্রিয়া। এ শুধু আমার নিজের নির্বাচন... আমিই নিজের প্রতিক্রিয়ার স্রষ্টা। ওম শান্তি!

চিরন্তন আনন্দের মন্ত্র

- সুখ বস্তুকেন্দ্রিক নয়।
- জড়বস্তু, বিষয়, যন্ত্র ইত্যাদি বানানো হয়েছে আমাদের শারীরিক সুবিধের জন্য।
- শারীরিক স্বাচ্ছন্দ্য, মানসিক সুখের থেকে আলাদা।
- সুখ, একটি আবেগজনিত স্বাচ্ছন্দ্য। এর সৃষ্টি আমাদের অন্তরে। কোনোরকম শারীরিক আরাম ব্যাতিতও, এর সৃজন করা সম্ভব।
- বস্তুবাদ আমাদের মনে প্রেরণা জাগায় প্রতিক্রিয়া সৃষ্টির। কিন্তু এই প্রতিক্রিয়া আমাদের ইচ্ছা নির্ভর। বিভিন্ন মানুষ, একই প্রেরণাকে কেন্দ্র করে বিভিন্ন প্রতিক্রিয়ার সৃষ্টি করে।
- সমস্যা আসবে, নতুন বিপত্তির জন্ম হবে, তবে তাদের সঙ্গে কী ভাবে আমরা যুঝবো? হতাশা দিয়ে নাকি আশাবাদী হয়ে? সেই সিদ্ধান্ত শুধুই আমাদের।

কিভাবে জীবনের সুখ হারিয়ে যায়

সু ও: 'আমি', আমার নিজের জীবনের সুখ বা দুঃখের জন্য দায়ী। তাহলে কি জীবনে কোনো কিছু না পেলেও সুখী থাকা যায়?

ভ শি: এখানে দুটো ভিন্ন বিষয় আছে। আমি কি কোনো কিছু পেলে জীবনে খুশি হব? অথবা কোনো কিছু পাওয়ার সময় আমি খুশি হচ্ছি।

ধরুন আমরা এক জায়গা থেকে আরেক জায়গায় যাচ্ছি। যখন আমরা যাত্রা শুরু করব, আমাদের শুভানুধ্যায়ীরা বলবেন 'তোমার যাত্রা মঙ্গলময় হোক'। তারা কখনোই বলবেন না, যেমন ভাবে হোক তুমি তোমার গন্তব্যস্থলে পৌঁছে যেও। আমাদের গন্তব্যস্থলটাই সবচেয়ে বড় কথা নয়, আমরা কিভাবে সেখানে পৌঁছচ্ছি সেটারও সমান গুরুত্ব আছে।

সু ও: অনেকেই এমন ভাবেন যেকোনো পদ্ধতিতেই আমাদের গন্তব্যে পৌঁছতে হবে।

ভ শি: আসুন, এভাবে ধরা যাক, আমি আমার নিজের জন্য একটা লক্ষ্য তৈরি করলাম। এক্ষেত্রে আমরা, ছাত্র, বৃত্তিমূলক বা যেকোনো সম্পর্কের

উদাহরণ দিতে পারি। আমরা প্রতিটা পর্যায়ের জন্য একটি লক্ষ্য তৈরি করেছি। এবার ভেবে দেখুন যদি লক্ষ্য না থাকত, তাহলে আমাদের জীবনযাত্রা সম্পূর্ণ উদ্দেশ্যহীন হয়ে পড়ত।

আরেকটা কাজ যেটা আমি করে থাকি, সেটা হল নিজেকে বলা, আমি যদি আমার প্রার্থিত উদ্দেশ্যে পৌঁছতে পারি তাহলে আমি খুশি হব। এই উদ্দেশ্যে পৌঁছেনোর যাত্রাটি, ছয় মাস বা ছয় বছরেও পূর্ণ হতে পারে। আমি যদি নিজের উন্নতির জন্য একটা নির্দিষ্ট লক্ষ্য তৈরি করে রাখি...ধরা যাক দুই বছর। এইসময় আমার কাজের দিকে মনোনিবেশ করতে হবে, নিজের সহকর্মীদের সঙ্গে ভালো সম্পর্ক রাখার চেষ্টা করতে হবে, অর্থাৎ নিজের উন্নতি সাধনের জন্য যা যা সম্ভব সবকিছুই সুনির্দিষ্টভাবে করার চেষ্টা করে যাব। কিন্তু সে সত্ত্বেও, কোথাও আমার মনের মধ্যে একটাই চিন্তা ঘুরতে থাকবে যে, যদি আমি আমার নিজের লক্ষ্যে পৌঁছতে পারি, তাহলেই আমি খুশি হব। আর যদি এমন হয় যে, কোনোভাবে আমার ইচ্ছে মতো আমার উদ্দেশ্য সম্পন্ন হল না, যেমন সহকর্মীদের সহযোগিতা পেলাম না বা আমার কর্মক্ষমতার মান পড়ে গেল, তখন আমার কি হবে?

সু ও: অবশ্যই আমি খুশি হব না।

ভ শি: আমি নিজের জীবনে সমস্যা তৈরি করতে থাকব। তৈরি করতে থাকব মানসিক যন্ত্রণার, নিজেকে নিষ্পেষিত করব নিজের চিন্তার ভারে, আর মনের ভিতর জন্ম নেবে চরম উদ্বেগ। আমার জীবনের অগ্রগতির পথে এই নেতিবাচক পরিস্থিতিগুলো বাধার সৃষ্টি করে চলবে।

যেমন ধরুন আমি এগিয়ে চলছি, আর আপনি আমার সামনে এসে দাঁড়ালেন, এবং ঠিক সেই কারণেই মনে হল আমার সুখের সবচেয়ে বড় বাধা আপনি। আর আপনাকে সরাবার জন্য যাবতীয় যা যা সম্ভব, সেসব করার চেষ্টা আমি করব। যদি আপনি আমার অধীনস্থ হন, আপনাকে বলব আপনার কাজের গতি বাড়াতে। আমার সমকক্ষ হলে, আপনাকে আমি ভয় পাব, চেষ্টা করব কিভাবে আপনাকে আমার পথের থেকে আমি সরাতে পারি। আমার জীবনের উসুল এর পরিবর্তে মিথ্যার আশ্রয় নিতে পর্যন্ত

আমার বাধবে না। এর একটাই অর্থ হয়, আমার অবচেতন মন, নৈতিকতার বাইরে গিয়ে নিজের খুশিকে প্রাধান্য দেবে।

সু ও: যতক্ষণ সুখের উপায় হয়ে চলেছে, ততক্ষণ মিথ্যা ভাষণে আপত্তি কোথায়?

ভ শি: এখনো আমরা একটা সফরের অভিযাত্রী যারা কোনো লক্ষ্যে পৌঁছতে পারেনি। এই যাত্রায় আমি নিজের মনে রাগ এবং মানসিক চাপের সৃষ্টি করে চলেছি। আপোস করে চলেছি নিজের নৈতিকতার সঙ্গে। ছয় মাস ধরে এইসব মানসিক উৎপীড়নের দ্বারা বিপর্যস্ত হয়ে, পেশাদারী সম্পর্ক খারাপ করেছি এবং ফলস্বরূপ নিজের শারীরিক অবস্থার অবনতি ঘটেছে। অবশেষে যখন নিজের লক্ষ্যে ছয় মাস পরে পৌঁছলাম, তখন আমার কীরকম অনুভূতি হল?

সু ও: এত ঘটনার পরে মনে হবে না যে আপনি সুখী?

ভ শি: এই যাত্রাপথে আমার চারধারে এবং আমার নিজের মধ্যে এত যন্ত্রণার সৃষ্টি আমি করেছি যার ফলস্বরূপ আমার চেতনা ক্ষতবিক্ষত হয়ে গেছে। কিন্তু যখন আমি নিজের লক্ষ্যে পৌঁছলাম আমি দেখলাম আমি খুব খুশি। সফলতা যে সুখ নিয়ে আসে এই ধারণা নিয়েই আমি বড় হয়েছি।

সু ও: আপনার কাজের চাপ ও সামাজিক বিশৃঙ্খলার জন্য, হয়তো আপনি নিজের পরিবারের কাছেও জবাবদিহি করবেন।

ভ শি: এই ছয় মাস আপনার নিজের অন্তঃকরণ এবং বাহ্যিক চেতনার অবনতির জন্যই তো নির্দিষ্ট করা হয়েছিল।

সু ও: তাহলে আমরা সুখকে স্থগিত রাখছি না, বরং বলা চলে দুঃখকে সৃষ্টি করছি এবং আরও বহুগুণে বাড়িয়ে তুলছি।

ভ শি: ঠিক তাই। প্রথম ছয় মাসে আমার যাত্রার প্রথম পর্যায়ে পৌঁছবার জন্য আমি আমার চারধারে নেতিবাচক আবেগের সৃষ্টি করেছি, মানুষকে আহত করেছি, নিজের মেজাজের উপরে কোন নিয়ন্ত্রণ করতে পারিনি।

তারপর সেখানে পৌঁছে আমার চেতনা-শক্তির পতন হয়েছে। তারপরে আরও যত এগিয়েছি নিজেকে আরও দুর্বল করেছি। আমার পারিপার্শ্বিক পরিস্থিতি বা মানুষজনের কোনো পরিবর্তন হয়নি শুধু এই যাত্রার সাথে সাথে আমি নিজেই শক্তিহীন হয়ে পড়েছি। অর্থাৎ ভবিষ্যতে আমি আরও আহত হওয়ার জন্য নিজেকে তৈরি করেছি।

সু ও: আপনি কি চেতনা শক্তির কথা বলছেন?
ভ শি: হ্যাঁ, পরিস্থিতির সামনাসামনি হওয়ার শক্তি। আমি আরও সহজে আহত হব। আমার প্রতিক্রিয়া আরও বিচার-শক্তিহীন হয়ে পড়বে, এবং আমার মনে বিরক্তির সঞ্চার হতেই থাকবে।

সু ও: এই ধরনের ব্যবহার আপনাকে শারীরিকভাবেও অসুস্থ করে তুলবে।
ভ শি: অবশ্যই, তবে যৌবনকালে এর প্রভাব বোঝা যায় না। আমরা পুরো ব্যাপারটাকে স্বাভাবিকভাবে নিতে থাকি। তারপর বয়সের সাথে সাথে, রক্তচাপ, বহুমূত্র ও অন্যান্য অসুস্থতার শিকার হয়ে পড়ি। যেহেতু আমরা জীবনে এই মানসিক চাপকে, জীবনেরই একটি অঙ্গ হিসেবে ভেবে নিয়ে চলি তার পরিণামস্বরূপ, আনুষঙ্গিক অসুখ-বিসুখকেও অনিবার্যভাবে মেনেনি।

সু ও: আমি এখনো বুঝে উঠতে পারছিনা অসফলতা মানুষকে কি করে সুখী করতে পারে। মানে একজন বাড়ি ফিরছেন জীবনে ব্যর্থ হয়ে।
ভ শি: ধরুন আমি ছয় মাস ধরে একটা চাকরি খুঁজছি। আর চাকরি না পাওয়ার ফলে আমি মানসিকভাবে দুর্বল হয়ে পড়েছি। এই ক্ষেত্রে আপনি আমাকে কী বলবেন?

সু ও: আমি বলব 'এই ধরনের ঘটনা তো ঘটতেই পারে, আপনি শীঘ্রই একটি চাকরি পেয়ে যাবেন।'
ভ শি: আমি যদি জিজ্ঞেস করি 'আমি কি করে দুশ্চিন্তা না করে থাকব?' তখন আপনি কি বলবেন?

সু ও: দুশ্চিন্তা করলে কি আপনি চাকরিটা পেয়ে যাবেন?

ভ শি: সঠিক কথা। আর এই কথাটাই আমাদের, নিজেদেরকে বোঝানো উচিত। দুশ্চিন্তা করলে কি চাকরি পাব?

সু ও: করার থেকে বলা সহজ।

ভ শি: এটাই একমাত্র উপায়। যত দুশ্চিন্তা করব, মন তত দুর্বল হবে এবং আমার হাবেভাবে তা প্রকাশ পাবে। আমার সমস্ত প্রেরণা লুপ্ত হয়ে, এক নেতিবাচক অন্ধকার চক্রবর্তে আমি ধীরে ধীরে হারিয়ে যাব। এই পরিস্থিতিতে আমার মতো দুর্বল, অসহনীয় ও অন্তঃসারহীন কর্মীকে কেউ নিজের সঙ্গে কাজে নিতে চাইবে না। আমাকে এই আবহাওয়ার থেকে বেরোতে হবে।

যতক্ষণ পর্যন্ত নিজের যত্ন আমি নিজে না নিতে পারছি, ততক্ষণ কোনোরকম পরিস্থিতির সমাধান খুঁজে পাব না। বাইরের জগতে কোনো কিছু ভাল করতে গেলে, নিজের অন্তরে এক শুভ সত্তা থাকা বাঞ্ছনীয়। এছাড়া সবচেয়ে গুরুত্বপূর্ণ বিষয় হল, যদি আমি জীবনে কোনো কিছু ঠিক না করতে পারি, তা হলেও অন্তত যেন নিজের যত্নটুকু নিতে পারি।

সু ও: আমার গুরু একবার আমাকে এক ঘটনা শুনিয়েছিলেন। তিনি একজনকে চিনতেন, যিনি সুদীর্ঘ পনেরো বছর ধরে কোনো এক মামলা লড়ছিলেন। বাড়িতে তার অসুস্থ স্ত্রী ছিলেন। পনেরো বছর পর, তিনি মোকদ্দমা জিতলেন, এবং তার স্ত্রীও সুস্থ হয়ে উঠলেন। অথচ দৈবের পরিহাসে, এবারে তিনি নিজে অসুস্থ হয়ে পড়েন ও পরবর্তীকালে মারা যান।

ভ শি: আমাদের জীবনের দায়িত্বগুলো কি কি, সেগুলো আমাদের জানতে হবে। জানতে হবে তাদের গুরুত্ব। সাধারণত আমরা পরিবার, চাকরি, অর্থ, সম্পর্ক, বন্ধু, দেশ ... এই হিসেবে জীবনে অগ্রাধিকার রাখি।

আমরা নিজের জীবনের দায়িত্ববোধ ছাড়া, বাদবাকি সমস্ত কিছুর যত্ন নিতে ভালোবাসি। যেমন ধরুন একটি পাঁচজন সদস্যের পরিবারের চারজন অসুস্থ। আর আমি যদি এই পরিবারের অভিভাবক হই, তাহলে সবার আগে আমাকে সুস্থ থাকতে হবে। শুধু শারীরিক ভাবে নয় মানসিকভাবেও। যদি

আমি নিজে যন্ত্রণার মধ্যে থাকি তাহলে কখনোই আমি আমার পরিবারের যত্ন নিতে পারব না।

সু ও: সেইজন্যই আমার সন্তানের অসামর্থ্যতার জন্য আমি দুঃখ পাই। আমি চাই তারা জীবনের বিভিন্ন দিকে উন্নতি করুক।

ভ শি: কেন? শুধু তাদের সুখের জন্য। আসলে আমি চাই আমার চারপাশে সবাই সুখে থাকুক।

সু ও: যদি জীবনে তারা সুখী হয় তাহলে আমিও খুশি থাকব।

ভ শি: আধ্যাত্মবাদ আমাদের শেখায় যে যদি আমরা নিজেরা সুখী হই, ও তাদের যত্ন নিতে পারি, তাহলে তারাও সুখী হবে।

সু ও: সুখে থাকলে আমি সুখের দীপ্তি দিয়ে আরও অনেককে সুখী করতে পারি।

ভ শি: কারণ এভাবে আপনি তাদের শক্তিশালী করে তুলবেন। আসলে আমাদের জানার দরকার প্রকৃতপক্ষে 'সুখ' কাকে বলে। সুখ একটি অন্তরের শক্তি, এর অর্থ অবশ্যই উত্তেজনা নয়। সুখ পাওয়ার জন্য আমি হয়তো সারাদিন বিভিন্নভাবে উত্তেজিত হয়ে থাকব না। যেমন ধরুন সারাদিন ধরে নাচলাম বা লাফালাম। আমার কাছে বর্তমানে কোনো চাকরি নেই, অতঃপর, সে নিয়ে কোন উত্তেজনাও নেই।

সু ও: সুখই শক্তি?

ভ শি: যে কোনো একটা সময় আপনি একটা জিনিস নিয়েই ভাবতে পারেন। একটি চিন্তার মধ্যে ঠিক একটি গুণ থাকে। সেই একটা গুণ সদ্ এবং বদ দুই-ই হতে পারে। সুচিন্তার ফলস্বরূপ সদ্গুণ আসবে, আবার এর বিপরীতও সম্ভব। সৎ চিন্তায় আমার মনে সুখের অনুভূতি আনবে, অন্যথা আনবে দুর্বলতা ও হতাশা।

সু ও: তাহলে স্থায়িত্বই শক্তি।

ভ শি: আপনার স্থিতিশীলতা, শক্তির প্রতীক। এই শক্তি যে কোনো পরিস্থিতির জন্য আপনাকে তৈরি হতে সাহায্য করবে। আপনি বলেছিলেন, 'আমি চাই, আমার সন্তান পরীক্ষায় ভালো ফল করুক', এরকম সর্বদা নাও হতে পারে। তাই যখন সে আপনার আশানুরূপ ফল করবে না তখন আপনার মনের অবস্থা কিরকম হবে? আপনি দুঃখিত হবেন। এটা আপনি বা আপনার সন্তান উভয়ের জন্য ক্ষতিকারক। তাহলে এইরূপ চিন্তা সৃষ্টির সার্থকতা কোথায়? পরীক্ষার ফলাফল আপনার অনুভূতির স্রষ্টা নয়; তার সৃষ্টিকর্তা কেবলমাত্র আপনি।

সু ও: কিন্তু আমি ভাবতাম, আমার মর্মাহত ও বিমর্ষ হওয়া খুবই স্বাভাবিক।

ভ শি: আমার বিমর্ষতার সঙ্গে, সন্তানের দুঃখ ও নিরুৎসাহতার যোগসূত্র আছে। তথাপি আমি চাইবো যে, সে যেন মানসিকভাবে পর্যুদস্ত হয়েও উন্নতিসাধনের চেষ্টা করে চলে। ফলস্বরূপ, এই নেতিবাচক শক্তি আমার আশেপাশের মানুষদের প্রভাবিত করবে এবং আমার দায়িত্বজ্ঞান তার পূর্ণতা লাভে সক্ষম হবে না। সন্তানের আশানুরূপ ফল না পাওয়ার পরিস্থিতিতে সর্বাগ্রে আমার নিজের মনের ওপর কর্তৃত্ব লাভ করা বাঞ্ছনীয়। আমাকে শান্ত থাকতে হবে, নিজেকে আবেগপ্রবণ হওয়ার থেকে বিরত রাখতে হবে। এরপর আমি তার মনকে নিয়ন্ত্রণ করার চেষ্টা করব। এভাবেই আমি তাকে তার সমস্যাগুলো বোঝাতে পারব, এবং পরবর্তীকালে যাতে সে ভালো ফল করে তার জন্য উদ্বুদ্ধ করতে পারব।

সু ও: কিন্তু সাধারণত আমরা এর উল্টোটাই করে থাকি। আমাদের ভুল ব্যবহারের জন্য, ওদের আত্মসম্মানে আঘাত লাগে। আমরা ওদের তুচ্ছ-তাচ্ছিল্য করি। আর হয়তো এই সব কারণের জন্যই বাচ্চাদের মধ্যে আত্মহননের হার এত বেড়ে গেছে।

ভ শি: বাচ্চাদের আত্মহত্যা করার পিছনের প্রধান কারণ হল, জীবনে কোনো ব্যর্থতার পরে ওরা নিজেদের অভিভাবকদের সামনে দাঁড়াতে পারে না।

এখানে ওদের ব্যর্থতা অবশ্যই প্রধান কারণ নয়, বরং ওরা মনে করে, এর ফলে, মা-বাবা মনে দুঃখ পাবেন। একদিক দিয়ে মা-বাবারা বাচ্চাদের মনে এই ধারণা ঢুকিয়ে দিয়েছেন যে তাদের জীবনের উন্নতির সঙ্গেই ওঁদের সুখ জড়িয়ে আছে।

সু ও: আমি মনে করি, আমার দায়িত্ব নিশ্চিত করা যে আমার সন্তান যেন জীবনে উন্নতি করে। পড়াশুনায়, খেলাধুলায়, বা জীবনের যেকোনো কাজে। কিন্তু, আমি কি তবে এই অর্থে বিপরীত কাজটাই করে চলেছি?

ভ শি: প্রতিটি মানুষের জীবন চারটি জিনিসের উপর নির্ভর করে থাকে। শারীরিক স্বাস্থ্য, বুদ্ধিমত্তা, মানসিক সুস্থতা এবং আধ্যাত্মিক স্বাস্থ্য। যদি আমার সন্তানকে আমি জীবনে সফল দেখতে চাই, তাহলে এই চারটে দিক যেন সমতা বজায় রেখে চলে।

আমি আমার সন্তানের মঙ্গল ও তার কর্মক্ষমতার জন্য চেষ্টা করব, আশা করব, সে যেন এক সুস্থ শরীরের অধিকারী হয়। আমি চেষ্টা করব তাকে একটা ভালো জীবন দিতে। তার সামাজিক উন্নতির জন্য আমি চাইব তার যেন ভালো বন্ধু হয়। এগুলো তো গেল সব আমার নিজের চিন্তাধারা। আমার সন্তান কি ভাবছে, অথবা তার অনুভূতির কি মূল্য, সে সবের প্রতি আমাদের বিশেষ রুচি থাকে না। হয়তো সে শিক্ষাগত দিক দিয়ে বা শারীরিক সুস্থতার হিসেবে এগিয়ে আছে। কিন্তু পড়াশোনার চাপ, সমালোচনা, অন্য সমবয়সীদের সাথে তুলনা ইত্যাদির জন্য, তার অনুভূতির শক্তি ক্রমশই কমে আসছে। আমার নিজেকে প্রশ্ন করা উচিত, যে আমি কি নিজের দায়িত্ব সক্ষমভাবে পালন করতে পারছি। হয়তো পরবর্তী জীবনে আমার সন্তান একটা ভালো ডাক্তার বা উকিল হয়ে উঠবে। শারীরিকভাবেও সুস্থ থাকবে। অথচ যদি সে ভাবাবেগের দিক দিয়ে দুর্বল হয়ে পড়ে, তবে কি তাকে সফল বলা চলবে? আর যদি তার জীবনে স্থিতি না আসে, তাহলে কি সে সুখী হবে?

সু ও: যদি ভাবাবেগের দিক দিয়ে বলিষ্ঠ না হয়, তাহলে কি হতে পারে?

ভ শি: ধরা যাক আমি একজন ভালো ডাক্তার, কিন্তু আবেগের দিক দিয়ে

অশক্ত। এর পরিণামস্বরূপ আমি খুব তাড়াতাড়ি বিরক্ত হয়ে যেতে পারি। হয়তো আমার অধীনে চিকিৎসারত মানুষদের সঙ্গে সমব্যাথী হওয়ার ক্ষমতা থাকবে না। অসহিষ্ণুতার জন্য আমার সম্পর্কগুলো শিথিল হয়ে পড়বে। এর পরেও কি আমি নিজেকে একজন ভালো চিকিৎসক বলতে পারব?

সবাই তো আমাদের ভালো পড়তে, বলতে, লিখতেই শেখায়। ভালো ভাবতে তো কেউ শেখায়নি।

সু ও: আমরা তো শুধু 'বুদ্ধিমত্তা' (IQ) বিষয়টাই বুঝি। 'ভাবাবেগের মূল্যায়ন' (EQ) অনেক পরে আসে।
ভ শি: দুটোই সমানভাবে গুরুত্বপূর্ণ। সাফল্যের জন্য, দেখতে গেলে একে অপরের পরিপূরক।

সু ও: আগেকার দিনে, বাচ্চাদের নিয়ন্ত্রণে রাখতে বড়রা চড়-চাপড় মারতেও দ্বিধা করতেন না। আবার এই ভয়ে বাচ্চারা যদি খারাপ নম্বর পেত, বাড়িতে সেটা বলতে সাহস পেত না।
ভ শি: হ্যাঁ সত্য কথা। আমাদের জানার দরকার যে, নিজেদের দায়িত্ব আমরা সঠিক ভাবে পালন করছি কিনা। আজকের এই সতত পরিবর্তনশীল এবং প্রতিযোগিতার পৃথিবীতে, আমাদের সন্তানেরা মাথা তুলে দাঁড়াতে পারবে কিনা, তার দায়িত্ব পালনের ভার পূর্ণরূপে আমাদেরই। সেই অর্থে, তাদের প্রাণবন্ত এবং দৃঢ় করে তুলতে হবে।

সু ও: এমনও হতে পারে যে, আবেগজনিত কারণে দুর্বল হওয়ার দরুন, সে জীবনের পরিস্থিতিগুলোর সঙ্গে যুঝতে পারবে না।
ভ শি: হ্যাঁ তাই। তাকে যদি সামান্য কোনো ব্যর্থতার মুখোমুখি হতে হয়, সে তার সঙ্গেও যুঝতে পারবে না। সে তার কর্মজীবনে, সহকর্মীদের সঙ্গে কোনো সমস্যায় জড়িয়ে পড়লে, কিভাবে তার সমাধান করবে? এর উত্তর আমরা নিজেরাই জানি না, কারণ এই দৃষ্টিভঙ্গি নিয়ে নিজেদের জীবনেও আমরা কোনোরকম চর্চা করিনি। ভাবাবেগের সুস্থতার গুরুত্ব নিয়ে আমরা কোনোদিন ভাবিইনি, শুধু যা কিছু আপাতদৃষ্টিতে বহিরাগত, সেসব

বিষয়বস্তু নিয়েই ভেবেছি। নিজেদের ক্ষেত্রে, ও যাদের দায়িত্ব নিয়েছি তাদের জন্যেও।

সু ও: বেশিরভাগ পুরুষ ভাবেন, অর্থ উপার্জন করাই হয়তো তাদের জীবনের মূল দায়িত্ব।

ভ শি: যদি তারা ভাবেন, সুখের উৎপত্তি শুধু বাইরের জগৎ থেকেই। তাহলে পারিবারিক সুখের সত্যতা, তাদের যাচাই করে নেওয়া উচিত।

সু ও: আমরা সন্তানদের খেলনা, পোশাক, শিক্ষা ইত্যাদির ব্যবস্থা করি। যদি তারা পড়াশুনা না করে, আমরা তাদের সংস্কার, বিদ্যালয়, সঙ্গীসাথীদের দোষারোপ করি। অন্যদের দোষারোপ করাই আমাদের কাজ।

ভ শি: একটি শিশুকে ভালো বিদ্যালয়ে পাঠানো, তাকে সবচেয়ে ভালো খাবারের ব্যবস্থা করে দেওয়া, তাকে সবরকমের সুবিধা দেওয়া, নির্ভর করে আমাদের আর্থিক সঙ্গতির উপরে, যা খুব একটা কঠিন কোনো প্রকল্প নয়। কঠিন হল, তাদের অনুভূতিগুলোকে মজবুত করা।

সু ও: সবার আগে আমার নিজের আবেগগুলোকে মজবুত করতে হবে। আসুন নিজেদের ধ্যানকেন্দ্রিত করা যাক।

ভ শি: আমাদের সবসময় মনে রাখতে হবে যে, নিজেরা যদি কখনো ভালো স্কুলে নাও গিয়ে থাকি, তাহলেও সন্তানদের আমরা ভালো স্কুলে পড়াতে পারি। একইভাবে, নিজে অর্ধভুক্ত থেকেও সন্তানকে ভরপেট খাওয়ানো সম্ভব। কিন্তু যদি আমরা নিজেরা সুখী না থাকতে পারি, তাহলে আমাদের সন্তানরা কখনোই সুখী থাকতে পারবে না। আমাদের ভাবাবেগ শক্তিশালী হলেই, সন্তানদের আবেগও মজবুত হবে।

আসুন নিজেকে নিষ্ক্রিয় করে, মনন করি—

'আসুন জীবনযাত্রার কথা ভাবি ... লক্ষ্য, উদ্দেশ্য, সাফল্যের কথা ... কতদূর আমাদের আরও যেতে হবে ... আমার নিজের জীবনযাত্রা ... আসুন নিজেকে যাত্রী রূপে দেখার চেষ্টা করি

... আমি এক পর্যটক, যার চেতনা প্রতিনিয়ত পরিবর্তিত হয়ে চলেছে .....আমার সুখ, গন্তব্যে অবস্থান করে না ... সে সতত আমার সহযাত্রী ... এই যাত্রাপথে, আমি নিজের সুখ খুঁজে পেয়েছি .... পেয়েছি স্থায়িত্ব, নিয়ন্ত্রণের ও ক্ষমতার আনন্দ .... আমার চলার পথের বাধা বিঘ্ন আছে ... তথাপি নিজেকে আয়ত্তে নিয়ে আসা, আমার প্রধান কর্তব্য ... আমার প্রতিক্রিয়ার অভিব্যক্তি, আমার দায়বদ্ধতা ... ওম শান্তি!

চিরন্তন আনন্দের মন্ত্র

- সুখ, গন্তব্যে নেই, আছে গন্তব্যের দিকে এগিয়ে চলার পথে।
- যদি আমরা সুখকে সাফল্যকেন্দ্রিত করে তুলবার চেষ্টা করি, তার পরিণামে আমরা মানসিক চাপ, ক্রোধ, ভয় আদি অনুভূতির জন্ম দেব।
- অপরের দায়িত্ব গ্রহণ করার আগে, আমাদের নিজেদের চিন্তা ভাবনার দায়িত্ব নেওয়া প্রয়োজন। আমরা নিজেরা সুখী হয়েই অন্যকে সুখী রাখতে পারব।
- আমাদের সন্তানেরা মানসিকভাবে শক্তিশালী তখনই হতে পারবে, যখন, আমরা নিজেরা মানসিকভাবে শক্তিশালী হব।

নিজের যত্ন—স্বার্থপরতা নয়

সু ও: আমার বন্ধুরা 'ustress' পদ্ধতির কথা বলছিল। এটা একটা বিশেষ ধরণের উপকারী চাপ। ওরা বলছিল আমাদের জীবনে এই ধরণের চাপের প্রয়োজন আছে। একজনের মতে সে, জীবনে এই ধরণের চাপ সৃষ্টির অপেক্ষা করে, বিশেষ করে যখন হাতে সময়ের অভাব থাকে; এর ফলে ওর কর্মক্ষমতা বেড়ে যায়।

ভ শি: এটা একটা বিশ্বাস পদ্ধতি। অনেকে মনে করেন যে, জীবনে চাপ ছাড়া, তারা সঠিকভাবে কাজ করতে পারবেন না। চাপ ব্যতীত জীবন নিষ্ক্রিয় ও শিথিল হয়ে পড়বে। তাদের মতে, কর্ম ক্ষমতার জন্য একটা চালনা শক্তির প্রয়োজন হয়। আমাদের তাই এর সত্যতা সম্বন্ধে নিশ্চিত হওয়া উচিৎ। 'চাপ' কি? এবং আমরা কিভাবে তাকে অনুভব করব? আমাদের অনুভূতি কিভাবে উত্তর দেবে? যেমন ধরুন, হঠাৎ আমার হাঁটুতে একটা যন্ত্রণার অনুভব হল। আমি সেই যন্ত্রনা নিয়ে হাঁটা চালিয়ে গেলাম, কিন্তু আমি কি নিজেকে আগের থেকে সুস্থ অনুভব করব?

সু ও: না, যন্ত্রনা তো থাকছে।

ভ শি: এটা অবশ্যই অস্বস্তিকর, তবে হয়তো বয়েসের সাথে, আমাকে মানিয়ে নিতে হবে। কিন্তু যদি আমি কোনো চিকিৎসা না করিয়ে এই যন্ত্রণা নিয়ে হাঁটাচলা বজায় রাখি, তাহলে এটি বেড়েই চলবে। আমার জীবন এগিয়ে চলবে। যদি কোনো কারণে এই অবস্থায় আমাকে হঠাৎ দৌড়োতে হয়, সেক্ষেত্রে কি সেটা সম্ভব হবে? না, হবে না।

মানসিক চাপের সঙ্গেও একই যুক্তি প্রযোজ্য। এই চাপও এক ধরণের যন্ত্রনা। আমরা যখন মানসিক পীড়ন অনুভব করি তখন কি হয়? ধরে নেওয়া যাক, আবেগের মাপকাঠি আমি বিচার করতে পারলাম না। তবুও, শারীরিক স্থিতির কিছু পরিবর্তন হবে। যেমন, আমার হৃৎপিণ্ডের ক্রিয়া, নাড়ির গতি বেড়ে যাবে, মাথায় একটা ভার অনুভব করব, মুখ শুকিয়ে যাবে, এমনকি এই উত্তেজনার ফলে আমার পাকস্থলীতেও অস্বস্তি অনুভূত হবে। অর্থাৎ আমার মন, আমার শরীরকে এবারে নিয়ন্ত্রণ করতে শুরু করে দিয়েছে। যেমন দেখবেন ছাত্রদের পরীক্ষার আগে অসুস্থ হয়ে পড়ার একটা প্রবণতা আছে, বা কোনো বক্তা, জনসমক্ষে ভাষণ দিতে যাওয়ার আগে অস্বস্তি অনুভব করেন। আমাদের মন ঠিক এইভাবেই আমাদের শরীরকেও নিয়ন্ত্রণ করতে পারে।

সু ও: আমার ধারণা ছিল যে এটা একটা স্বাভাবিক ঘটনা। আমিও প্রথমবার যখন ক্যামেরার সামনে দাঁড়িয়েছিলাম, আমার মুখের ভেতর শুকিয়ে গিয়েছিল।

ভ শি: সেদিন আপনি ভালো অভিনয় করেছিলেন?

সু ও: একদম না।

ভ শি: একটি ছাত্র যখন কোনো পরীক্ষা দিতে যায়, তখন সে একটা মানসিক চাপের মধ্যে থাকে। যদি এই চাপের ফলে তার মধ্যে অস্থিরতার জন্ম হয়, তাহলে কি সে ভালোভাবে পরীক্ষা দিতে পারবে? পরীক্ষার পরে, যখন আমরা তার মূল্যায়ন করার চেষ্টা করি, তখন বুঝি বেশ কিছু জায়গায়, সঠিক

উত্তর জানা সত্ত্বেও ভুল করে ফেলেছি। আমরা বলি নিজেদের উদাসীনতার জন্য এই ভুল হয়ে গেছে। আসলে, আমাদের মনের ভেতরের অস্থিরতার জন্য স্পষ্ট চিন্তাশক্তি কাজ করার সুযোগ পায়নি।

একে উদাসীনতা বলা ঠিক হবে না। বরং বলতে পারি, আমার মনের উপযুক্ত যত্ন আমি নিতে পারিনি। পরিণামে অস্পষ্টতা, ভুল সিদ্ধান্ত, অদক্ষতা এসে আমার অস্তিত্বকে ঘিরে ধরেছে। আমার হাত কেঁপেছে, লেখার গতি কমেছে। এমন হতে পারে, আমি সবকটা প্রশ্নের উত্তরও দিতে পারিনি।

সু ও: তাহলে মানুষের এই ধারণার সত্যতা কি যে, শুধুমাত্র চাপের মধ্যে থেকেই তারা সবচেয়ে ভালো কাজ করতে পারে? অথবা যখন সে নির্দিষ্ট সময়সীমার একদম সামনে উপস্থিত হয়?

ভ শি: নির্দিষ্ট সময়সীমা, একটা লক্ষ্য কে নির্দেশ করে, আবার এই লক্ষ্যের থেকে জন্ম নেয় মানসিক চাপের। এই সময়সীমা না থাকলে আমি হয়তো ছয় দিনে একটা কাজ শেষ করতাম। যেই আমার জীবনে একটা লক্ষ্য তৈরি হল, আমার কাজের গতি বেড়ে গেল। যত তাড়াতাড়ি আমি কাজ করা শুরু করলাম, ততই আমার মনে কিছু চিন্তার জন্ম নিল, যেমন, 'কি করে এই কাজটা আমি আগামীকাল সন্ধ্যের মধ্যে শেষ করব? যদি শেষ না করতে পারি, তাহলে কি হবে? আমার বস আমার উপরে কি খুশি হবেন? যদি অন্য কেউ আমার আগে এই কাজটা করে ফেলে? হয়তো সেক্ষেত্রে সে পদোন্নতির সামনে পৌঁছে যাবে। আমার চাকরির ভবিষ্যৎ হয়তো নষ্ট হয়ে যাবে।'

আমি কাজ করে চলেছি, কিন্তু এরসঙ্গে আমার চিন্তাগুলোও মনকে অধিকার করে রেখেছে। এই বিশেষ মানসিক স্থিতিকেই আমরা মানসিক চাপের আখ্যা দিচ্ছি। ধরা যাক দুজনকে একই কাজ দেওয়া হয়েছে। আর তাদের দুজনেরই নির্দিষ্ট সময়সীমা আগামীকাল সন্ধ্যে অবধি নির্ধারিত। দুজনই নিজেদের লক্ষ্যে পৌঁছবে, তবে ভিন্ন ভিন্ন পথে। অপরজন হয়তো এভাবে ভাববেন, 'আমি মনকে কেন্দ্রীভূত করে কাজটা করার চেষ্টা করি, আমাকে আগামীকাল সন্ধ্যের মধ্যে এই কাজ সম্পন্ন করতে হবে। এইভাবে সে তার

লক্ষ্যে পৌঁছবে স্থিরতার সঙ্গে। অথচ আমি পৌঁছব অস্থিরভাবে। হয়তো শেষে দেখা যাবে, দুজনেই আমরা একই লক্ষ্যে পৌঁছেছি। শুধু আমার ভেতরে এই দুশ্চিন্তার ফলে, এক চরম অবসাদের জন্ম নিয়েছে। আমি হয়তো কাজের চাপ কে দোষারোপ করব, কিন্তু যা আমি বুঝতে চাইব না সেটি হল যে, এই চাপ আমার নিজের সৃষ্টি করা।

বিজ্ঞানে 'চাপ' এর একটা সাধারণ সূত্র আছে—

$$\text{চাপ} = \text{গুরুত্ব} \div \text{সহনশীলতা}$$

আমাদের জীবনে লক্ষ্য, সম্পর্ক, পরীক্ষা, পরিস্থিতি, নির্দিষ্ট সময়সীমা, যানজট, ইত্যাদি যাবতীয় বহির্ভূত মাধ্যমের হাত ধরে গুরুত্বের জন্ম হয়। সহনশীলতা আমার অন্তরের শক্তি, যার দ্বারা এই গুরুত্বের সঙ্গে আমি মুখোমুখি হতে পারি।

হয়তো দেখে থাকবেন, কারখানায় বিভিন্ন ধাতব পাতের উপরে, একই পরিমাপের গুরুত্ব চাপিয়ে তাদের চাপ সহ্য করার ক্ষমতা দেখা হয়। এর ফলে বোঝা যায় কোন পাতের কত সহ্যশক্তি আছে।

আজকালকার দিনে, চাপ = গুরুত্ব ÷ সহনশীলতার সমীকরণে, আমরা নিজের সহনশীলতাকে প্রায় ভুলেই গেছি। আজ শুধুই চাপ = গুরুত্ব।

সহনশীলতা আজ উপেক্ষিত কারণ, নিজের অন্তরের শক্তির, আমি কোনো দায়িত্ব নিতে চাই না। তাই বোধহয় আজ পরীক্ষার সময় আমি চাপে থাকি, অথবা আমার বস যদি কড়া হন, তাহলে আমার কর্মস্থান আমার জন্যে একটি কঠিন পরিবেশে পরিণত হয়।

সু ও: **তাহলে কি মানুষ চাপে থাকতে ভালোবাসে? আমরা কেন একে এত সহজে স্বীকার করে নিচ্ছি আমাদের জীবনে?**
ভ শি: যখন কোনো কিছু আমাদের আয়ত্তের বাইরে চলে যায়, আমরা তাকে ভবিতব্য বলে মেনে নিয়ে থাকি।

সু ও: নিজেকে কোনোরকমের চাপের দ্বারা আক্রান্ত না করে, সুখী থাকা কি খুবই শ্রমসাপেক্ষ ব্যাপার?

ভ শি: হ্যাঁ। অপছন্দের কথায়, মনে আঘাত পাওয়া, অতি সহজ একটি ব্যাপার।

সু ও: আমি প্রায়ই ভাবি, আমরা নিজের অনুভূতির জন্য কত সহজে অপরকে দোষারোপ করি।

ভ শি: এখন গ্রীষ্মকাল, আর কিছুমাস পর শীত আসবে। আপনি কি বলবেন যে, শীতকালে অসুস্থ হয়ে পড়া একটি স্বাভাবিক ব্যাপার? নাকি নিজেকে বাঁচাতে গরম জামাকাপড় পড়বেন। আমরা তো আবহাওয়াকে দোষারোপ করি না, তাই না? আমরা নিজেদের বাঁচাবার চেষ্টা করি।

তবে যদি আমরা নিজেদের রক্ষা করার পদ্ধতি না জানি তবে তো সহজেই বলব, অসুস্থ হওয়া খুবই স্বাভাবিক, বা আঘাত পাওয়াও একটি স্বাভাবিক ঘটনা, মানসিক চাপের মধ্যে থাকাও তাই।

$$চাপ = গুরুত্ব ÷ সহনশীলতা$$

অধ্যাত্মবাদ, নিচের ওই সহনশীলতার পৃষ্ঠপোষক। উপরের চাপ বা গুরুত্ব আমার অধীনে নয়। আমরা বড়জোর ১০ শতাংশ পরিস্থিতি, যা চাপের জন্য দায়ী, বদলাতে পারবো। কিন্তু বাকি ৯০ শতাংশ, কেবল আমাদের সহনশক্তির উপরে নির্ভর করবে। যেহেতু গুরুত্ব ছাড়া কোনো চাপের সৃষ্টি হয় না, তাই গুরুত্বের দায় কেবল ওই ১০ শতাংশর মধ্যেই সীমিত। পরিশিষ্ট ৯০ শতাংশ হল, আমার পরিস্থিতিকে নিয়ন্ত্রণ করার শক্তি আর কিভাবে ওই চাপ বা গুরুত্বর সাথে আমি যুঝবো, তার পরিমাপ।

সু ও: তাহলে আমার প্রতিক্রিয়া, ওই ৯০ শতাংশ পরিমাপের জন্য কিরকম হবে? ধরুন কেউ আমার গাড়ির কোনোরকম ক্ষতি করলো। যদি সেটা পুরোনো গাড়ি হয়, আমার ততটা খারাপ হয়তো লাগবে না। তবে নতুন গাড়ি হলে অন্য কথা।

ভ শি: আপনি কিভাবে নিজের প্রতিক্রিয়া দেখবেন সেটা সম্পূর্ণ আপনার নিজের পছন্দের উপরে নির্ভর করবে। পরিস্থিতি আপনার নিয়ন্ত্রণে নেই, কারণ কেউ এসে আপনার গাড়িকে আঘাত করেছে। এখন আপনি দুইভাবে প্রতিক্রিয়া দেখাতে পারেন— ১) গাড়ি থেকে বেরিয়ে, চিৎকার চেঁচামেচি করা, বা যে আপনার গাড়িকে আঘাত করেছে তার সঙ্গে খারাপ ব্যবহার করা। সেও হয়তো একই কাজ করবে, এই দেখে আরো দশ জন এসে যোগ দেবে, অথবা ২) তাকে সুপ্রভাত জানিয়ে সম্ভাষণ করলেন।

সু ও: অথবা, আপনি হেসে বলতে পারেন যে, যা হওয়ার হয়ে গেছে। গাড়ির তো বীমা করা আছেই।

ভ শি: হ্যাঁ। আরও গুরুত্বপূর্ণ হল মনের বীমা। আপনি নিজের গাড়ির ক্ষতির মূল্য বীমা কোম্পানির থেকে হয়তো পেয়ে যাবেন। কিন্তু এই সব ঘটনার জন্য মনের যে ক্ষতি হবে, তার ক্ষতিপূরণ কোন বীমার থেকে আপনি উসুল করবেন?

সু ও: আমার অধিকতর উদ্বেগ হবে আমার গাড়ির ক্ষতি নিয়ে।

ভ শি: কারণ গাড়িকে আমি নিজের সুখের থেকে বেশি প্রাধান্য দিচ্ছি। আমি ভাবছি আমার সুখের উৎস হল এই গাড়িটি। যদি আমি নিজের গুরুত্ব বুঝতাম তাহলে হয়তো সবার আগে নিজের যত্ন নিতাম। প্রথমে দেখতাম আমি নিজে সুস্থ কিনা, তারপরে বাইরের জগৎ নিয়ে ভাবতাম।

সু ও: যদি আপনি নিজেকে সাহায্য না করতে পারেন, তাহলে অন্যকে কি করে করবেন? কিন্তু এই ভাবনা স্বার্থপরতার দিকে ইঙ্গিত করে না?

ভ শি: নিজের যত্ন না নিয়ে আমি কি আপনাকে সাহায্য করতে পারব? আমাদের জীবনের সমস্ত সময় ও উর্জা, অন্যদের সাহায্য করতেই ব্যয় হয়ে যায়। ফলস্বরূপ আজ আমাদের পরিবার এবং 'আমি' মানসিক বিষাদের মধ্যে বসবাস করি। আগে এই বিষাদ ষাটোর্ধ্ব মানুষের মধ্যে বেশি দেখা যেত।

আর আজ শিশুরা মানসিক রোগের শিকার হয়ে পড়ছে। তাদের মনোরোগ বিশেষজ্ঞদের কাছে নিয়ে যেতে হচ্ছে।

আমরা যদি সঠিকভাবে নিজেদের দায়িত্ব পূরণ করতাম, তাহলে এই দিন আমাদের দেখতে হতো না।

সু ও: আমরা অন্যদের দোষারোপ করে থাকি দায়িত্বজ্ঞানহীনতার জন্য, অথচ নিজেদের দায়িত্ব নিয়ে আমরা সচেতন নই।

ভ শি: সবার আগে নিজের মধ্যে দায়িত্ববোধ থাকা জরুরি। দায়িত্ববোধের জন্ম হয়, নিজের প্রতিক্রিয়া থেকে। সব পরিস্থিতিতে, আমার প্রতিক্রিয়া এবং তার সামর্থের, যৌথ ফল হল 'দায়িত্ববোধ'।

আমাদের জীবনের সবচেয়ে বড় বিদ্রুপ হল, নিজেদের অন্তরমনকে নিয়ন্ত্রণ না করে, এমন বিষয়কে নিয়ন্ত্রণ করার প্রচেষ্টা করা, যা আমাদের আয়ত্তের বাইরে।

এবার আমরা গাড়ির উদাহরণে ফিরে যাই। দুর্ঘটনার পরে, আপনার, 'সব কিছু ভুলে, ফিরে যাওয়ার' উপদেশ অন্যদের পছন্দ নাও হতে পারে। তাদের অভিমতে হয়তো সবচেয়ে প্রয়োজনীয়, আপনার ভুলের জন্য আপনাকে দণ্ড দেওয়া। আপনি তাদের যদি বোঝাবারও চেষ্টা করেন যে, এই ধরণের আচরণ চেতনার জন্য ক্ষতিকারক, তা সত্ত্বেও, তারা আপনার কথা উপেক্ষা করে; বোঝাতে চাইবেন, এই ঘটনার একটি বিহিত হওয়া প্রয়োজন।

সু ও: হয়তো এইভাবেই শিক্ষা দেওয়া বাঞ্ছনীয়, পুনরায় একই ভুল করার থেকে মানুষ বিরত থাকবে।

ভ শি: অর্থাৎ নিজের যত্নের প্রতি উদাসীন থেকে অন্যকে শিক্ষা দেওয়া নিয়েই মানুষ বেশি উৎসাহী, তাই না? পরিস্থিতির পরিমাপ যেরকমই হোক, আমার নিজের প্রতিক্রিয়ার রাশ আমার হাতেই থাকে। যদি আমি নিজেকে সংবেদনশীল করে ভাবতে পারি, 'যা হওয়ার হয়ে গেছে', তাহলে সেদিন আমার মনের ভাব কিরকম হতে পারে?

সু ও: আমার ভালো লাগবে।

ভ শি: কারণ, আমার দুর্বল প্রতিক্রিয়ার মুহূর্তগুলো পরাস্ত হয়ে অন্তরে শক্তির সঞ্চয় হয়েছে। এই বিষয়টিকে নিয়েই আমাদের চর্চা করা উচিত।

সু ও: কিছুদিন আগে, কেউ আমার গাড়িতে আঘাত করে। আমার ড্রাইভার উত্তেজিত হয়ে প্রতিকার করতে চায়। কিন্তু আমি তাকে নিরস্ত করি। আমি অনুভব করি, একটি পুরোনো অসহিষ্ণুতাকে আমি যেন এই ঘটনার মাধ্যম দিয়ে জয় করার আনন্দ পেলাম।

ভ শি: আপনার সঠিক চিন্তাধারার জন্য আপনার অনুভূতি সুন্দর রূপগ্রহণ করে। যদি আপনি ভাবেন, এতো সামান্য একটা দুর্ঘটনামাত্র; তাহলে দেখবেন আপনার মনের ভেতরে ধনাত্মক চিন্তার উদ্ভব হবে। অন্যথা, আপনার ভাবনা যদি 'কেন লোকটা সচেতন ছিল না গাড়ি চালানো নিয়ে? কে ওকে গাড়ি চালাবার অনুমতি দিয়েছে? রাস্তাটা ও কিনে রেখেছে?' এই গতিতে প্রবাহিত হতো তাহলে আপনার অনুভূতির রূপ কেমন হতো?

আমাদের চিন্তাই, অনুভূতির স্রষ্টা। এই বিরক্তিকর চিন্তাভাবনা নিয়ে আমরা এর পরে নিজেদের কর্মক্ষেত্রে বা গন্তব্যে যাব।

সু ও: এই রাগ বা মানসিকতা কতক্ষণ স্থায়ী হয়?

ভ শি: ধরুন আমি ৩০ মিনিট ধরে গাড়ি চালালাম, আমার মানসিকতাও ততক্ষণ সঙ্গে থাকল। দুঃখের বিষয় হল, এই ৩০ মিনিটের পর অন্য কোনো ঘটনা আমার জন্য অপেক্ষা করে থাকবে, আর আমার মানসিক চাপের সংবেদনশীলতা এতটাই বেশি হবে যে, আমি তীব্রমাত্রায় প্রতিক্রিয়াপ্রবণ হয়ে পড়ব।

আমি কর্মস্থলে পৌঁছলাম, দেখলাম আমার অধীনস্থ কর্মী তার আসনে নেই, অর্থাৎ আর একটি ঘটনার সম্মুখীন হয়ে পড়লাম। আমি নিজের টেবিলে গিয়ে দেখলাম, সেটা ঠিক মতন পরিষ্কার হয়নি, একটা নতুন পরিস্থিতির জন্ম হল। আমার অধীনস্থ কর্মচারী কাজ সম্পন্ন করে রাখেনি; যেটা তার করে রাখা উচিত ছিল এরকম একটার পর একটা পরিস্থিতির সামনে

আমাকে পড়তে হবে। এবং আমি প্রতিবার প্রতিক্রিয়াশীল হয়ে পড়ব। আমি আমার প্রতিক্রিয়াকে সমর্থন করে বলব, এর জন্য অন্য কেউ বা অন্যকিছু দায়ী।

সু ও: আমার এই দোষারোপ করার মনোবৃত্তি স্বাভাবিক নয়? আমি তো কোনো ভুল করিনি, আমার সঙ্গে এইসমস্ত ঘটনাগুলো ঘটে চলেছে, ফলস্বরূপ আমার প্রতিক্রিয়া হওয়া স্বাভাবিক।

ভ শি: এইভাবে প্রতিক্রিয়া দেখিয়ে আপনি নিজের শক্তিক্ষয় করছেন। আপনি নিজের মানসিক ক্ষমতার অপচয় করছেন। আপনি যখন এরপরের কোনো ঘটনার সম্মুখীন হবেন তখন দেখবেন আপনি আরো দুর্বল হয়ে পড়েছেন।

সু ও: এভাবে চলতে চলতে, একদিন এটা আমার অভ্যেস হয়ে দাঁড়াবে আর আমার স্বাস্থ্যের অবনতি ঘটাবে।

ভ শি: আজকাল আমরা বলে থাকি উচ্চ রক্তচাপ হওয়া স্বাভাবিক, কারণ মানসিক চাপও স্বাভাবিক, তাই তার উপজাত দ্রব্যও। অর্থাৎ যা কিছু অপ্রাকৃতিক ছিল, সেইসব আজ স্বাভাবিক হয়ে গেছে। তা সত্ত্বেও আমরা সুখ খুঁজে চলেছি।

সু ও: 'সীমাহীন' শব্দের প্রকৃত অর্থ কি?

ভ শি: এমন কিছু, যার কোনো সীমাবদ্ধতা নেই; মানুষ বা পরিস্থিতি যাই হোক। যা কিছু মুক্ত, নিঃশর্ত, সীমাহীন, যার পূর্ণতা সমস্ত অস্তিত্বের কাঠামো জুড়ে। যা কোনোকিছুর বশ্যতা স্বীকার করেনি। যেখানে নির্ভরশীলতা নেই, সেখানে ভয় নেই। কোনো কিছু না পাওয়ার মধ্যে লুকিয়ে থাকে ভয়, আর ভয়ের জন্মের সাথেই জীবনের সুখ হারিয়ে যায়।

আপনি দেখে থাকবেন মানুষ 'সুখ' এর মধ্যেও ভয় খুঁজে নিয়েছে। যখন জীবনে সবাই সুখী, তখন কেউ হয়তো বলে ওঠে 'অ্যাতো সুখ ভালো নয়, এর পরে কি হবে কেউ জানে না' অর্থাৎ আজকাল মানুষ সুখে থাকতেও ভয় পায়।

সু ও: জীবনের সব কিছুই ক্ষণস্থায়ী।

ভ শি: কারণ আমরা তাকে পরিস্থিতির প্রতি নির্ভরশীল করে তুলেছি। যদি আপনার 'সুখ' সমস্ত পরিস্থিতির থেকে স্বাধীন হয়ে যায়, তখন দেখবেন সে চিরস্থায়ী হয়ে গেছে।

সু ও: আপনার ধারণা আমরা ২৪ × ৭ সুখে থাকতে পারি?

ভ শি: হ্যাঁ সম্ভব। তবে আগে আমাদের নিজ-দায়িত্ব সম্বন্ধে সচেতন হতে হবে এবং নিজেদের প্রতি আন্তরিক হতে হবে। যদি আমরা 'সুখ'-কে বহিরাগত মাধ্যমের সঙ্গে বেঁধে রাখি, সে নৈমিত্তিক হয়ে যাবে।

পরিস্থিতি যত প্রতিকূল হবে, মানুষের ব্যবহার ততই অনিশ্চিত হয়ে উঠবে। শুরু হবে এক নিরন্তর সংগ্রামের, যেখানে আমরা মেনে নিতে বাধ্য হব যে মানসিক চাপ একটি স্বাভাবিক ব্যাপার; অথচ জীবনের সবচেয়ে স্বাভাবিক বস্তু কেবল মাত্র 'সুখ'।

সু ও: আপনাকে ধন্যবাদ জানাই এই ধারণা উপলব্ধি করানোর জন্য যে, মানসিক চাপ স্বাভাবিক নয়; স্বাভাবিক হল, শুধু মনের সুখ। এবার কি আমরা সংক্ষিপ্ত একটি ধ্যান দিয়ে মনকে কেন্দ্রিত করব?

ভ শি: আসুন নিজেকে নিষ্ক্রিয় করে, মনন করি—

আসুন নিজেকে একটি আরামদায়ক পরিস্থিতিতে নিয়ে যাই ...
আমি নিজেকে নিজের চিন্তা ও অনুভূতির স্রষ্টা হিসেবে দেখি
... জীবনে কাজের, লক্ষ্যের, সময়সীমা নির্ধারণের চাপ আসে
... সেগুলো শুধু চাপ বৈ অন্য কিছু নয় ... আমাকেই আমার
লক্ষ্যে পৌঁছতে হবে ... নিজের যত্ন নিয়ে আমাকে এগোতে
হবে লক্ষ্যের দিকে ... আমার চিন্তা ভাবনার গুণবত্তা আমাকেই
নির্ধারণ করতে হবে ... ভয়, দুর্ভাবনা, উদ্বেগ, আমার চিন্তার
গুণবত্তা মূল্যাঙ্কন করবে ... আমার চিন্তার গুণমান আমাকেই
নিয়ন্ত্রণ করতে হবে ... আমার মধ্যে আছে অসীম শক্তি ...

যা আমি সিদ্ধান্ত নিয়েছি, সেই সব আমি অর্জন করব ... কোনোকিছু, বা কারুর দ্বারা, আমি কখনোই প্রভাবিত হব না ... কিন্তু সবার আগে আমি নিজের যত্ন নেব ... আমি, সর্বশক্তিশালী ... নিরাপদ এবং অভেদ্য ... আমি নিজের লক্ষ্যের দিকে এবার এগিয়ে যাব ... এ শুধু আমার নিজের যাত্রা, আমার সুখ-যাত্রা। ওম শান্তি!

চিরন্তন আনন্দের মন্ত্র

- মানসিক চাপ একটি যন্ত্রণা। এর উদ্ভব, আমাদের অন্তরের কোনো অসামঞ্জস্যকে পরিবর্তন করবার উদ্দেশ্যে।

- মানসিক চাপের জন্ম হয় আমাদের নেতিবাচক চিন্তার গভীরে। এর প্রভাব পড়ে আমাদের, দক্ষতা, স্মৃতিশক্তি, সংকল্প এবং পরিশেষে আমাদের কর্মক্ষমতায়।

- মানসিক চাপ, যেকোনো পরিমাণে, আমাদের শারীরিক ও মানসিকভাবে অসুস্থ করে তোলে।

- লক্ষ্য, গুরুত্ব, পরীক্ষা, সময়সীমা, সব কিছুই সহজাত। কিন্তু, চাপ নেওয়া আমাদের ইচ্ছার উপরে নির্ভর করে।

- চাপ = গুরুত্ব ÷ সহনশীলতা। সহনশীলতা আমাদের অন্তরের শক্তি। আমাদের প্রধান দায়িত্ব হল নিজের চেতনাকে নিয়ন্ত্রণ করা, কারণ চেতনাই একমাত্র আমাদের নিয়ন্ত্রণগ্রাহ্য।

প্রয়োজনে সুখের অনুসন্ধান করা বৃথা—সুখী থাকুন

সু ও: খবরের কাগজের একটা নিবন্ধ মনে পড়ছে—শান্তি সুখের পরিপূরক। শান্তি না সুখ, কি প্রথমে আসে? আপনি কি সুখী না হয়েও শান্তিতে থাকতে পারবেন? এইসব প্রশ্নের উত্তর আপনার সুখের পরিভাষা বর্ণনা করবে। আপনি জানতে পারবেন যে, সুখের নিবাস কি আপনার অন্তরে? নাকি সে বস্তুকেন্দ্রিক।'

ভ শি: হ্যাঁ, আমরা এই ধরণের লেখনী প্রায়ই পড়ি, কিন্তু প্রকৃতপক্ষে এসবের কার্যকারিতা কতদূর বাস্তব? দৈনন্দিন এই নিয়ে খবরের কাগজে, আধ্যাত্মিক পুস্তক ইত্যাদিতে লেখা হয়ে চলেছে। চতুর্দিকে দেখবেন এই নিয়েই কতধরনের বই লেখা হচ্ছে, আর এই সমস্ত বইয়ের চাহিদাই বাজারে সবচেয়ে বেশি। এছাড়া, কত আলোচনাসভা, বক্তৃতা ইত্যাদিও হয়ে চলেছে। মূল কথন সব জায়গায় একই থাকে—সাকারাত্মক চিন্তাভাবনা, অধ্যাত্মবাদ, অনুপ্রেরণার চাবিকাঠি বা স্বনির্ভরতা। কিন্তু তা সত্ত্বেও মানসিক চাপ, ক্রোধ, উত্তেজনা

মানুষের মনে বেড়েই চলেছে। সুতরাং চিরন্তন সুখের উপরে প্রশ্ন থেকেই যায়। এত জ্ঞান, আর উপলব্ধির পরেও আমরা বাইরের জগতেই সুখ খুঁজে থাকি। আমরা সুখকে নিজেদের অন্তরে স্থান দিতে অপারগ। আমাদের জীবনে আজ মানসিক চাপ এক স্বাভাবিক প্রক্রিয়া হয়ে দাঁড়িয়েছে। তাহলে বোঝা যাচ্ছে যে, আমাদের বিশ্বাস, পঠন, জ্ঞান ও তাদের বাস্তবায়নের মধ্যে একটি প্রশস্ত শূন্যতা তৈরি হয়ে গেছে।

সু ও: আমরা যা পড়ছি, সেইসবের উপরে বিশ্বাস করা উচিত নয়?

ভ শি: আমাদের বিশ্বাস পদ্ধতির আঙ্গিকরূপে আমরা এখনো এই ব্যবস্থা মেনে নিতে পারিনি। ছোটবেলার থেকেই 'মানসিক চাপ খুবই স্বাভাবিক', এই বিশ্বাস নিয়ে আমরা বড় হয়েছি। আমাদের অভিভাবকদের বলতে শুনেছি 'কাল তোমার পরীক্ষা, আর তোমার মাথায় কোনো চিন্তা নেই? কিকরে এত শান্ত হয়ে বসে আছ?' পরবর্তী জীবনে, সমাজ 'মানসিক চাপ' নিয়ে আমাদের সচেতন করেছে বুঝিয়েছে যে, এই প্রতিযোগিতার জগতে 'চাপ' অবশ্যম্ভাবী। আসলে, এই বিশ্বাসধারা আমাদের মনের ভেতরে শেকড় গেড়ে বসে আছে।

আজ যখন কোথাও দেখি লেখা আছে, 'সুখ আমাদের স্বাভাবিক জীবন পদ্ধতির প্রণালী, আমাদের প্রাকৃতিক সত্তা, আমাদেরই ইচ্ছা নির্ভর', তখন আমার মনের ভেতরের সেই শাশ্বত চিন্তাধারাগুলো হঠাৎ বদলে যায় না। আমি একইভাবে মেনে নিয়ে চলি যে, মানসিক চাপ স্বাভাবিক, সুখ নয়। তাহলে এই নতুন চিন্তাধারা আমার জীবনকে বদলাবে কিভাবে? আমি বিভিন্ন আলোচনাসভা, ওয়ার্কশপ, অধ্যাত্ম্যবাদের অনুশীলন শিবির ইত্যাদিতে যাই, সেখানে মূল্যবান ও শক্তিশালী জ্ঞান আহরণ করি, সেইসব বিবৃতিকে মন দিয়ে শুনে, সমর্থন করে, পরিশেষে বাড়ি ফিরে আসি। নিজের জগতে এসে পুনরায় পুরোনো সত্তায় রূপান্তরিত হয়ে যাই এবং বুঝতে পারি, আমার উপরে সেইসব জ্ঞানের কোনো ফল হয়নি। অকপটে স্বীকার করি, ওরা যা বলেছে, সেসব বলা সহজ, বাস্তবিক জীবনে করা কঠিন। ওরা তো আমার পরিস্থিতিতে জীবন কাটায়নি, তাই বুঝবেও না।

আমরা চেষ্টা পর্যন্ত করি না; সঠিক বিশ্বাসভাবনার সঙ্গে এগিয়ে চলার

প্রচেষ্টাও করি না। আমাদের ধারণা জন্মায় যে, পরিবর্তন স্বয়ংক্রিয়ভাবে আসবে। দুঃখের বিষয়, সেটা হয়ে ওঠে না। আমি যা শিখেছি, যা বুঝেছি, সেসব জ্ঞানকে নিজের দৈনন্দিন জীবনে প্রয়োগ করার চেষ্টা আমাকে করতে হবে। যেমন, এখন আমি জানি যে ক্রোধ একটি অপ্রাকৃতিক প্রতিক্রিয়া, যা শুধু আমার মন সৃষ্টি করে। আমি যখন নিজের কর্মক্ষেত্রে বা পরিবারের সঙ্গে সময় ব্যয় করছি, তখন এই ধারণাকে মনে রেখে আমার উচিত ক্রোধ থেকে বিরত থাকার চেষ্টা করা।

সু ও: আমার অস্থির-স্বভাবের জন্য, শান্তির খোঁজ করি। নিজের গুরুকে জিজ্ঞেস করি, 'শান্তি কি করে পাব?', তিনি বলেন, 'তুমি প্রায়ই আমাকে জিজ্ঞেস করো যে শান্তি কোথায় পাবে? কিন্তু বলো দেখি, শান্তি পাওয়ার জন্য কি কাজ তুমি করেছ?' আমি ওনার কথার মানে বুঝতে পারি না। বাইরে এসে দেখি, আমার গাড়ির ঠিক সামনেই কেউ অন্য একটি গাড়ি দাঁড় করিয়ে রেখে গেছে। আমি অগ্নিমূর্তি হয়ে দরজা খুলে যেই হর্ন বাজাতে গেছি, আমার তাঁর কথা মনে পড়ে যায় 'বলো তো শান্তি পাওয়ার জন্য তুমি কি কাজ করেছ?'

ভ শি: আমার শান্তির প্রয়োজন হয়, কিন্তু আমার ধারণা যে তাকে হয়তো পাওয়া যাবে বাইরের জগতে। একই ধারণা আমার সুখ এবং ভালোবাসাকে নিয়েও। যখন আমি বলছি যে, আমার সুখ 'চাই', ভালোবাসা 'চাই', এর অর্থ, কোনো বাইরের মাধ্যম (মানুষ বা বস্তু) দায়ী থাকবে, যার সাহায্যে আমি তাকে পাব। অথচ অধ্যাত্মবাদ আমাদের শেখায় 'আমরা নিজেরাই নিজের শান্তির উৎস'। আমি যা কিছু করছি, সেই সমস্ত কর্মকান্ডের মধ্যে নিজের শান্তি খুঁজে নেব। আমার মধ্যেই প্রেম ... আমার মধ্যেই সিদ্ধি।

সু ও: যদি 'আমি' সত্য, তাহলে আমার জীবনে প্রয়োজনের মূল্য কি?

ভ শি: কারণ আমি ভুলে গেছি 'আমি'-কে। এ যেন সেই চশমাটার মতন, যা আমার মাথার উপরে রাখা আছে, বা সেই চাবির গোছা, যা পকেটে নিয়ে ঘুরছি; কিন্তু, দুই ক্ষেত্রেই আমি তাদের খুঁজে চলেছি, আরো অনেকজনকে সঙ্গে নিয়ে।

সু ও: শান্তিতে থাকার উপলব্ধি কিরকম হয়? কি করে প্রমাণ করব?

ভ শি: গবেষণার মাধ্যমে। সবকিছুই তো একটা 'বিশ্বাস'; এবং আমরা সেই বিশ্বাসের উপরে গবেষণা করতে থাকি, পরিণাম পাওয়ার পর তার সত্যতার যাচাই হয়। আমরা শুনতে পাই বলা হচ্ছে, 'শান্তির খোঁজ চালিয়ে যাও, এটাই জীবনের একমাত্র অর্থ'। যদি জীবনের অর্থ কেবল মাত্র শান্তির খোঁজই হয়, তাহলে কবে তাকে পাব?

কিন্তু, এখন আমি জানি যে শান্তি, আমার স্বভাবের মধ্যে অবস্থান করে। আসুন একটা পরীক্ষা করা যাক—আমি একজন শান্তিপূর্ণ মানুষ। এই সচেতনতার প্রচেষ্টা, আজ আমি প্রতিটি ক্রিয়ায়, প্রতিটি ব্যক্তির সঙ্গে করতে চাই। আমার প্রধান লক্ষ্য হল স্মরণে রাখা, যে আমি নিজে এই কাজ করছি। একজন চিকিৎসকের কথা ভাবুন, যতক্ষণ সে নিজেকে চিকিৎসক ভাবছে, ততক্ষণ সে মানুষের নিরাময় করে চলেছে। এবার যদি এমন হয় যে, সে ভুলে গেল নিজের পেশা, তাহলে কি হবে? তার চারদিকের মুমূর্ষু রোগীদের যন্ত্রণার উপশম হবে না, তারা বিনা চিকিৎসায় কষ্ট পাবে। আবার যেই মুহূর্তে সে, নিজের পেশা সম্বন্ধে অবগত হয়ে পড়বে, সে আবার চিকিৎসায় রত হবে।

একইরকম ভাবে, 'আমি একজন শান্তিপূর্ণ মানুষ', এই সচেতনতা কোথায় যেন হারিয়ে গেছে। আর হারিয়ে গেছে বলেই আমি তাকে বহির্জগতে খুঁজছি। এবারে, এমন ধ্যানভাবনা করা যাক যে, 'আমরা শান্তি পেয়েছি'। চেষ্টা করে দেখুন, এখনো আমরা কোনো সত্যতায় পৌঁছোইনি, এটি একটি বিশ্বাসপদ্ধতি মাত্র। চালিয়ে যান, যেদিন পরিণাম পাবেন, সেদিন সত্যতা সম্বন্ধে অবগত হবেন।

সু ও: কিভাবে গবেষণা করতে হবে?

ভ শি: আজ যখন আমি নিজের কর্মস্থলে যাব, সেখানে যদি কোনো প্রতিকূল পরিস্থিতির সামনে আমাকে পড়তে হয়, তাহলে কোনো কাজ করার আগে মনে করার চেষ্টা করব যে, আমি একজন শান্তিপূর্ণ মানুষ।

সু ও: কোনো মন্ত্রের মতন বলতে হবে 'আমি একজন শান্তিপূর্ণ মানুষ', 'আমি একজন শান্তিপূর্ণ মানুষ?' কেউ যদি এর মধ্যে কিছু অসন্তোষের কথা বলেন, আমি রেগে যেতে পারি। তারপরে আবার আমি এই মন্ত্র মনে করে শান্ত হয়ে যাব।

ভ শি: এটা কোনো মন্ত্র নয়, বরং বলা চলে, একটা বিশ্বাস। আমার চেতনা আমাকে নির্দেশ দেবে, যার ফলস্বরূপ আমার অন্তরের সত্তার বিকাশ হবে। আমি জ্ঞাত হব নিজের অস্তিত্ব সম্পর্কে। খুব সহজ।

ধরা যাক, আমাদের মনের গভীরে একটা স্থান আছে। আমার কাছে দুটো বিশ্বাস পদ্ধতি আছে, যার দ্বারা আমি পরিচালিত হতে পারি। প্রথম আমি সেই খালি জায়গাটা সুখ, শান্তি ও প্রেম দিয়ে পরিপূর্ণ করে তুলতে চাই। সেই উদ্দেশ্যে, লোকেদের কাছে গিয়ে অনুরোধ করব, যাতে তারা সেই শূন্যস্থানে, এইসব অনুভূতি ঢেলে দেন। আমি এইরূপ বলব—'আপনি দয়া করে আমার সঙ্গে ভালো ভাবনা নিয়ে কথা বলুন, তাহলে আমি মনে শান্তি পেতে পারি।' দ্বিতীয় আমার মনের খালি জায়গাটি ইতিপূর্বেই ভরা আছে, শান্তি দিয়ে। এক্ষেত্রে, আমার কাজ হল সারাদিনের কাজের মাঝে খেয়াল রাখা যাতে সেই জায়গা থেকে 'সুখ-শান্তি' চলকে না পড়ে যায়। এই দ্বিতীয় পদ্ধতির কর্মপ্রণালীর দ্বারাই, 'নতুন সূর্যোদয়—ব্রহ্মাকুমারীদের সঙ্গে'র চিন্তা প্রভাবিত। এই ভাবনা উপলব্ধি করতে সাহায্য করে যে, শান্তি আমার মধ্যেই বিরাজমান। আমাকে শুধু মনে রাখতে হবে, যাতে কোনো সংঘর্ষে, সেই শান্তি চলকে না পড়ে যায়।

সু ও: আমার মন শান্তিপূর্ণ হয়ে আছে। কিন্তু যেই মুহূর্তে আমি অশান্ত, তখন কি এই শান্তি চলকে পড়ে যেতে পারে?

ভ শি: যেমন একভাবে, আমি এই কাজ করতে চাই, যার ফলে আমি সুখী হতে পারব। তেমনি অন্যভাবে, আমি সুখী, তাই এই কাজ করতে পারব।

সু ও: আমি সুখী তাই আমি আপনাকেও সুখী রাখবার চেষ্টা করব।

ভ শি: আমি জানি না, অন্যদের সুখী রাখার ক্ষমতা আমার আছে কি নেই। এই বিশ্বাসধারা ভিন্ন পদ্ধতিতে চলে, যার মূল্যায়ন প্রক্রিয়াও ভিন্ন।

সু ও: আমি বোঝাতে চাইছিলাম যে, যখন আপনি কোনো সুখী মানুষের সামনে থাকেন, তখন আপনিও সুখ অনুভব করেন। সুখ বাতাবরণে মিশে থাকে।

ভ শি: সত্য। কিন্তু সুখী মানুষের সামনে থেকেও মানুষ দুঃখ পায়, যদি সে নিজের চেতনা ও অনুভূতিকে নিয়ন্ত্রণ না করতে পারে। আমরা অন্যকে সুখী করতে পারব, এই বিচার ধারণা আমাদের মনে বদ্ধমূল হয়ে থাকলেও, এটি ভুল। কেউ কাউকে সুখী রাখতে পারেন না, যদি সে নিজে সুখী না হতে চায়।

সু ও: তাহলে কেউ আমাদের বিমর্ষও করতে পারবে না।

ভ শি: অবশ্যই, আমার অনুভূতি এবং আবেগ কারোর উপর নির্ভর করে নেই। এটা আমাদের ভুল ধারণা যে, আমরা ভাবি আমার সুখ নির্ভর করছে অন্যের উপরে।

সু ও: কাউকে ভালোবাসলে আমরা বলে থাকি 'আমার খুশি থাকার জন্য এই মানুষটি দায়ী'।

ভ শি: সেরকম কোনো মানুষের সংস্পর্শে আসলে, আমার অন্তরে সু-চিন্তার জন্ম হয়, আর তার ফলে নিজেকে সুখী মনে করি।

এভাবেই, বহির্গত বিষয়বস্তুর উপরে আমাদের নির্ভরশীল হয়ে পড়তে হয়। যেমন একটি গাড়ি বা একটা অলংকার। আমি প্রেরণা পাই আমার মনের সুখানুভূতিকে সৃষ্টি করার। এই অনুপ্রেরণা এবং প্রতিক্রিয়ার মধ্যে আমার নির্বাচনীশক্তির অবস্থান। আজ আপনি আমার সঙ্গে ভালো ব্যবহার করলেন, তাই আমি সুখী। কাল যদি খারাপ ব্যবহার করেন, তাহলে আমি আঘাত পেতে পারি। অথচ দুই ক্ষেত্রেই আপনি একই মানুষ, কিন্তু আমার অনুভূতির পরিভাষা বদলে যাচ্ছে।

সু ও: গতকাল আমি আপনার সঙ্গে ভালোভাবে কথা বলেছিলাম। আমার এক আলাদা সত্তা ছিল। আজ আমার ব্যবহার বদলে গেছে।

ভ শি: তাহলে আমার প্রতিক্রিয়া আপনার ব্যবহারের উপরে নির্ভরশীল। আপনি কি চিরদিন আমার ইচ্ছেমতো আচরণ করে যাবেন?

সু ও: না, আমার আচরণ সতত পরিবর্তনশীল।

ভ শি: আপনার কি মনে হয়, যে আপনি ভুল করছেন?

সু ও: এটা স্বাভাবিক।

ভ শি: আপনার কি মনে হয়, যে আপনি ভুল করছেন?

সু ও: আমি ঠিক।

ভ শি: কার অনুযায়ী?

সু ও: আমার নিজের।

ভ শি: কিন্তু আমার হিসেবে আপনি ভুল। আমি নিজের মনে, ভুল ও ঠিক নিয়ে নিজের ভাবধারণা বানিয়ে রেখেছি। মানুষ যদি ঠিক হয় তাহলে আমিও সুখী থাকব।

সু ও: তাহলে আপনি চাইছেন যে, সবসময় আমি যেন আপনার প্রতি যথাযথ ব্যবহার করে যাই। এক অর্থে আপনি আমার আচরণকে নিয়ন্ত্রণের চেষ্টা করছেন।

ভ শি: হ্যাঁ। সেক্ষেত্রেই শুধু আমি সুখী থাকব।

সু ও: তাহলে আপনি আমাকে নিয়ন্ত্রণ করছেন?

ভ শি: হ্যাঁ, আমি আপনাকে নিয়ন্ত্রণ করছি, আর এইভাবেই আমরা সবার সঙ্গে ব্যবহার করে থাকি; এর মধ্যে আমাদের সন্তানরাও পড়ে। আমরা চাই যে, তারা সেইভাবে আচরণ করুক, যাতে আমরা খুশি থাকতে পারি।

আমার মনে হয়, যা কিছু আমি করছি সেটাই ঠিক, অন্যেরা ভুল, আর এভাবেই আমার সুখ নির্ভরশীল হয়ে পড়ে।

সু ও: সম্পর্কের অর্থ কি? বিপদ-আপদে সাহায্যের জন্য বন্ধুর দরকার তো আছেই।

ভ শি: সেটা ঠিক, তবে আমার সুখ, অন্যের আচরণের উপরে নির্ভরশীল থাকবে, এই ধারণা করা ভুল। ধরুন, আমি আশা করেছিলাম গতকাল আপনি আমাকে ফোন করবেন, কিন্তু আপনি করে উঠতে পারেননি। আমি আহত হলাম। কেন? কারণ আমার সুখ আপনার আচরণের উপরে নির্ভর করে ছিল তাই।

সু ও: আমার, এখনো এটা স্বাভাবিক ব্যাপার মনে হচ্ছে। যদি আমার স্ত্রী, আমার সঙ্গে কথা না বলে, অন্যদের সঙ্গে ফোনে বেশি কথা বলে তাহলে আমি আহত হবই।

ভ শি: আপনার কাছে একটা বিকল্প আছে।

সু ও: সেটাই আমি জানতে চাই।

ভ শি: আপনার কাছে বিকল্প আছে। আমার স্ত্রী আমাকে ফোন করেননি, যদিও আমি চেয়েছি সে করুক। হয়তো সে ব্যস্ত ছিল, অথবা, আমার সঙ্গে কথা বলার ইচ্ছা তখন তার ছিল না। এরকম ভেবে আমি চিন্তাগুলোকে স্থির করতে পারি।

সু ও: বুঝলাম। আমার এক বন্ধু ঘরে ফিরে এসে দেখে, যে দরজায় তালা লাগানো। স্বভাবতই, তার রাগ হতে পারত, সে তালাটা ভাঙবার কথা ভাবতে পারত। কিন্তু তখন সে একটা আধ্যাত্মিক অনুষ্ঠান থেকে বাড়ি ফিরেছিল, তাই সে তার মেয়ের বাড়ি যায় এবং সেখান থেকে অতিরিক্ত চাবি নিয়ে আসে। তার বাড়ি ঢোকার মুহূর্তে, তার স্ত্রী ফিরে আসেন। জিজ্ঞেস করে তিনি জানতে পারেন যে, স্ত্রী বাজারে গিয়েছিলেন এবং তার সঙ্গে ফোনে যোগাযোগ করার ব্যর্থ চেষ্টা করেছিলেন। কারণ

বন্ধুর ফোন বন্ধ ছিল। সে বুঝতে পারে, অনুষ্ঠানে ফোন বন্ধ করে রাখা ছিল। অর্থাৎ, তারা নিজেদের জায়গায় দুজনেই ঠিক ছিলেন।

ভ শি: অবশ্যই, জানবেন সবাই সবসময় ঠিক থাকেন। এটা জরুরি নয়, কে ঠিক আর কে ভুল। বরং সর্বপ্রথম আমাকে বুঝতে হবে, যেন আমি নিজে ঠিক থাকি। কি ঠিক কাজ করব সেটা নয়; যেন আমি ঠিক থাকতে পারি। অন্যের উপরে নির্ভর করার যেই প্রবৃত্তি আমার মধ্যে গড়ে উঠেছে, আমাকে তার থেকে বেরিয়ে আসতে হবে। আমাকে নিজের যত্ন নিতে হবে।

কত সহজে, নিজেদের দুঃখের জন্যে অন্যদের আমরা দোষী সাব্যস্ত করি; অথচ নিজেরা বদলাতে অপারগ থাকি। আমাদের বুঝতে হবে, যে যাই করুক, সেটা তার কাজ। কেউ হয়তো আমাকে ঠকাচ্ছে, কিন্তু আমার যন্ত্রণা কেবল আমারই সৃষ্টি। কেউ আমাকে যদি ব্যবসায় ঠকাতে চায়, তার জন্য, যে ক্রোধ, যন্ত্রণা বা ঘৃণা আমি অনুভব করব, সেসব আমার নিজেরই সৃষ্টি। আপনি আমাকে অর্থনৈতিক বা নৈতিক দিক দিয়ে প্রতারিত করলেন, সেখানেই আপনার শক্তির সমাপ্তি হল। শেষ হয়ে গেল, বহির্গত সমস্ত সত্তার ক্ষমতা। সেই সত্তা, আমার ব্যবসায়িক শরিক, স্ত্রী বা সন্তান যে কেউ হতে পারেন।

আমাদের চিন্তা, অনুভূতি এবং প্রতিক্রিয়ার চয়ন, কেবলমাত্র আমাদের নিজস্ব পছন্দমাত্র।

সু ও: কিন্তু আমার ভেতরে কষ্ট হচ্ছে। আমি কেন প্রতিশোধ নেব না?

ভ শি: আপনার ব্যবসায়িক শরিক আপনাকে প্রতারিত করে চলে গেছে। আপনি সিদ্ধান্ত নিলেন, সেই একই ব্যবসায় আপনি যোগ দেবেন, যা সে এখন করছে। ভাবলেন 'আমি ওর প্রতিদ্বন্দ্বী হয়ে ব্যবসায় নামতে চাই' এইরকম নাকারাত্মক মনোভাব নিয়ে, প্রতিহিংসাপরায়ণ হয়ে, একটা ব্যবসা শুরু করবেন? আপনার মনে হয় এটা সঠিক চিন্তা?

কতদিন ধরে মনের এই যন্ত্রণা আপনি পুষে রাখবেন, সেটা আপনার ইচ্ছের উপর নির্ভর করে। সেটা ১০ মিনিট, ১০দিন, বা ১০ বছরও হতে পারে। আপনি এই ঘটনার বহু বছর পরেও বারবার একই কথা ভেবে নিজের মনকে কষ্ট দিতে পারেন। এই আবেগের সৃষ্টিকর্তা কে? শুধু আপনি। বিভিন্ন

মানুষ, বিভিন্ন প্রতিক্রিয়া দেখবেন, কিন্তু এই পর্যবেক্ষণ আপনাকে জীবনের প্রতিটি পদক্ষেপে করে যেতে হবে।

সু ও: যদি আমার প্রত্যাশিত সময়ে, আমার স্ত্রী ফোন না করেন, আমার মনে চিন্তার প্রবাহ আসতেই থাকবে। যদিও তার ফোন না করার পেছনে হয়তো কোনো কারণ ছিল।
ভ শি: এই মনের মালিক কে?

সু ও: আমি।
ভ শি: আর কে চিন্তার সৃষ্টিকর্তা?

সু ও: আমি নই, আমার মন।
ভ শি: মনের মালিক কে?

সু ও: আমি।
ভ শি: তাহলে, কে এই চিন্তার সৃষ্টিকর্তা?

সু ও: আমার মন।
ভ শি: আমার মন ... আমি এই চিন্তার সৃষ্টিকর্তা। আপনি নিজের মনে ভাবছেন, 'ওর আমাকে ফোন করা উচিত ছিল, আমি অপেক্ষায় ছিলাম।' এবারে ক্রমশ নিজের মনে ভাবুন, 'হয়তো তখন ওর কথা বলার ইচ্ছে ছিল না, বলা না-বলা তো ওর নিজের ইচ্ছার উপরে।'

সু ও: কিন্তু আমার মন বলছে, ও আমার সঙ্গে কথা বললে খুশি হতে পারত।
ভ শি: ঠিক, কারণ আমি চাই লোকে আমার উপরে নির্ভর করুক। আমিও একজন নির্ভরশীল মানুষ। এই নিয়ন্ত্রণ করবার বাসনাই আমাকে শক্তি জোগায়। আমি নিজে অন্তঃসারশূন্য, অথচ লোকে আমার উপরে নির্ভর করে থাকবে, এতেই আমার সুখ। আমার ভ্রান্ত ধারণা যে, মানুষ নিজেদের

সুখের জন্যে আমার উপরে নির্ভর করতে চায়। এই কারণেই আমি ভাবছি, 'ও যদি ফোন করত, তাহলে ওর হয়তো ভালো লাগত।'

যেমন আমরা নিজেরা এই জালে আটক হয়ে আছি, তেমনি চাই যে, আমাদের উপরে নির্ভর করে অন্যরাও তাই হোক। আমরা প্রেম, বিশ্বাস, মর্যাদার খাতিরে এই অধিকার আর নির্ভরশীলতার খেলায় মেতে আছি। অথচ প্রেম, বিশ্বাস, সম্মান সম্পূর্ণ শর্তনিরপেক্ষ।

সু ও: আসুন কিছুক্ষণ আমরা নিজেদের ধ্যানকেন্দ্রিত করি।
ভ শি: আসুন নিজেকে নিষ্ক্রিয় করে, মনন করি—

আমার চারধারে মানুষদের দেখি ... বন্ধু, পরিবার, আত্মীয়-স্বজন ... বাড়িতে বা কর্মস্থলে ... সবাই যা ভালো ভাবছেন, তাই করে চলেছেন ... তাদের আচরণ, শব্দ, সমস্ত কিছু বহির্গত বস্তুর দ্বারা চালিত ... আমি, কেবলমাত্র আমি, নিজের প্রতিক্রিয়ার নির্বাচনকর্তা ... আমার প্রতিক্রিয়া স্বয়ংক্রিয় নয় ... কারোর অধীনে নয় ... আমি ওদের দিকে দেখি, ওরা ভ্রান্ত ... আমি শান্ত, ধীর, না, আমি ওদের মতো নই ... আমি সঠিক সময়ে সঠিক চিন্তার সৃষ্টি করি ... আমি স্বাধীন, নিজের নিয়ন্ত্রণকর্তা, এবং শক্তিমান এক অস্তিত্ব। ওম শান্তি!

চিরন্তন আনন্দের মন্ত্র

- আমাদের বিশ্বাস পদ্ধতি, আমাদের জীবনের পথ নির্ণয় করে। নিজেদের ভুল চিন্তাভাবনার পরিবর্তনের জন্য, প্রতিনিয়ত আমাদের গবেষণা করা উচিত।

- 'আমার শান্তির প্রয়োজন নেই, আমি এক শান্তিপূর্ণ অস্তিত্বে বিরাজ করছি, এখন বহির্জগতের সঙ্গে আমার কোনো প্রভেদ নেই' এই বিশ্বাসের উপরে গবেষণা করুন।

- এক নতুন বিশ্বাসের মধ্যে, নিজের মনকে দিশা দিন 'পরিণামের উপলব্ধি—সত্যের প্রতীক।'

- আমাদের প্রতিটি কার্য, শান্তির সচেতনতা বহন করুক।

- চিরন্তন সুখ, ব্যক্তি নির্ভর নয়। আমাকে কেউ সুখী করতে পারবে না, এবং আমরাও কাউকে পারব না। প্রতিটি মানুষকে নিজের অন্তরে সুখের অভিলাষ করতে হবে।

- আপনার দুঃখ, যন্ত্রণা, ভয়, ক্রোধের জন্য কেউ দায়ী নয়। এগুলো আমাদের মনেরই সৃষ্টি; এবং এর বিকল্প হল, সুখে থাকবার ইচ্ছা।

আপনার আবেগ কার দ্বারা নিয়ন্ত্রিত?

সু ও: আমার ভাবাবেগের নিয়ন্ত্রণ আমার হাতে, আমি অন্যকে দোষারোপ করা ত্যাগ করেছি। কিন্তু কেউ যদি আমাকে অপ্রীতিকর কথা বলে, আমি নিজেকে কিভাবে সংযত রাখব ?

ভ শি: প্রতিক্রিয়াশীল হওয়া স্বাভাবিক। আমাকে যদি আপনি কিছু বলেন, আমি তো আর নিরপেক্ষ, প্রস্তরবৎ ও আবেগহীন হয়ে বসে থাকতে পারি না। সেটা সঠিক নয়। কিন্তু এখানে প্রশ্ন হল, আমার মনের কোন চিন্তা, অনুভূতি এবং আবেগগুলো প্রভাবিত হবে? আমার পাল্টা জবাব বা নীরব থাকা, এর উত্তর নয়। প্রতিক্রিয়া সাধারণত স্বয়ংক্রিয়, তবে অনেকসময় আমরা নিজেদের উত্তরে অনুশোচিত হয়ে, অন্যের কাছে ক্ষমাপ্রার্থী হয়ে থাকি।

সু ও: আমি নিজের শব্দচয়ন ও প্রতিক্রিয়া নিয়ে প্রায়ই অনুশোচিত থাকি।
ভ শি: কিসের অনুশোচনা?

সু ও: অপ্রয়োজনীয় প্রতিশোধস্পৃহা।

ভ শি: আমরা নিজেদের প্রতিক্রিয়া নিয়েই অনুতাপে ভুগি। আপনি আমার সঙ্গে কোনো বিশেষ ভাবে ব্যবহার করলেন, আমি জবাব দিলাম, তারপরে আমি ফিরে এসে ক্ষমাপ্রার্থী হলাম।

সু ও: অপরজনের আচরণ দ্বারা প্রভাবিত হয়ে, আমি তীব্র মাত্রায় প্রতিক্রিয়াশীল হয়ে পড়েছি।

ভ শি: 'তীব্র মাত্রায় প্রতিক্রিয়াশীল', এই বিশেষণটি আপনার উষ্মা বা অনুভূতির পরিমাপ নির্ধারণ করছে। এই বিষয়টি পরিমাণ কেন্দ্রিক নয়। এর অর্থ, আমরা অন্যের আচরণ দ্বারা প্রভাবিত হয়ে নিজেদের প্রতিক্রিয়ার পরিমাপ বিচার করছি। আপনি আমার সঙ্গে উঁচু গলায় কথা বললেন, আমি আরও উঁচু গলায়। আমার ব্যক্তিত্ব, স্বতন্ত্র হওয়া উচিত, কারোর দ্বারা প্রভাবিত হওয়া উচিত নয়। আমার ব্যক্তিত্ব, প্রতিক্রিয়া এবং আমার কথা বলার ধরন, স্বতন্ত্র হওয়া আবশ্যক। আমি নিজেকে অন্যের পরিপ্রেক্ষিতে লাগাতার পরিবর্তিত করতে থাকলে, এমন একদিন আসবে যখন আমার নিজের অস্তিত্ব লোপ পেয়ে যাবে।

সু ও: কেউ আমাকে অভিবাদন না জানিয়ে সামনে দিয়ে চলে গেলে, আমি ভাবি, 'ও আমাকে অভিবাদন করেনি, আমিও বা কেন করব?'

ভ শি: ধরুন শ্লীলতা আপনার স্বভাবে আছে। মানুষের সঙ্গে ভদ্র ব্যবহার করা আপনার জন্য একটি স্বাভাবিক ব্যাপার। একদিন আপনার সামনে দিয়ে আমি হেঁটে যাচ্ছি, আপনি আমাকে অভিবাদন করবার অভিপ্রায় করছেন, কিন্তু কোনো কারণে, হয়তো আমার প্রকৃতিবশে বা বর্তমান মেজাজের প্রতিফলনে আমি আপনার প্রতি সভ্য আচরণ করলাম না; আমি আপনাকে সম্পূর্ণ অগ্রাহ্য করে, সামনে দিয়ে চলে গেলাম। ভেবে দেখুন, শুধুমাত্র আমার জন্য আপনি নিজের উৎকর্ষতা পরিত্যাগ করলেন।

পরবর্তীকালে আর একজনের সঙ্গে দেখা হতে, আপনি নিজের আর একটি গুণ ত্যাগ করলেন। এভাবে একদিন কেউ যদি আপনার প্রতি বিরূপ ব্যবহার করে, আপনি নিজের সভ্যতা ভুলে গেলেন। আমরা ধীরে ধীরে

এইসমস্ত নাকারাত্মক শক্তির দ্বারা প্রভাবিত হয়ে, নিজেদের সদ্-গুণগুলো হারিয়ে ফেলি।

সু ও: নিজের শ্রীলতা বজায় রেখে কিভাবে সর্বদা জীবন অতিবাহিত করা যায়?

ভ শি: নিজের ব্যক্তিত্বকে কারোর দ্বারা প্রভাবিত না করে। আমাদের জীবনে যদি কেবল একটি মাত্র গুণ থাকে, সেটিকে নিয়েই বাকি জীবন কাটিয়ে দেওয়া।

সু ও: আমার আজকের জীবনের মন্ত্র হল, নিজেকে সব পরিস্থিতিতেই সভ্য ও নম্র রাখা।

ভ শি: জলের মতন সহজ। নিজেকে বোঝানো যে, আমার স্বভাব বহির্গত কোনো বস্তুর দ্বারা প্রভাবিত হতে পারে না।

সু ও: যেমন, কোনো সামাজিক অনুষ্ঠানের জন্য, রেস্তোরাঁয় গিয়েও, নিজেদের উপবাস সম্বন্ধে সচেতন থাকা যায়, তেমনি সমস্ত পরিস্থিতি নির্বিশেষে নিজের নম্রতা বজায় রাখা সম্ভব।

ভ শি: অবশ্যই। একটাই সদ্‌গুণ বজায় রাখার চেষ্টা করুন। শ্রীল, সভ্য ও নম্র থাকা। এবং চেষ্টা করুন কোনোভাবেই যেন এর থেকে বিচ্যুত না হতে পারেন।

সু ও: মানুষের সংস্পর্শে, মানুষের ব্যবহার বদলে যায়। কেন এরকম হয়?

ভ শি: নিজেদের ব্যক্তিত্ব একদিনে আমরা এতবার বদলাতে থাকি যে, ভুলেই যাই, আমরা আসলে কে। কখনো পত্নীকে হয়তো বলি 'এক গ্লাস জল এনে দাও', আবার অন্য একজনকে 'দয়া করে এক গ্লাস জল দেবেন?' বলতেও দ্বিধা হয় না। এর মধ্যে আমার প্রকৃত রূপ কোনটা? যখন নিজের জীবনসাথীর সঙ্গে থাকি, তখন তাকে খুশি রাখবার কোনো দায়িত্ব আমরা নিতে চাই না, এ যেন মুল্যহীন এক সম্পর্ক।

সু ও: কোনটা কৃত্রিম?

ভ শি: সেটা নিজেকে জিজ্ঞেস করতে হবে।

সু ও: আমার জীবনসঙ্গিনী খুশি হবে, যদি আমি তার সঙ্গে নম্র ভাবে কথা বলি?

ভ শি: তার থেকেও জরুরি হল, আপনার ভালো লাগবে, যদি আপনি বিনম্রভাবে তার সাথে কথা বলেন। আমাদের ব্যবহার অন্যদের জন্য নয়, শুধু আমাদের নিজস্ব উপলব্ধি।

আমি কি সুন্দর ভাবে কথা বলব, যাতে আপনি খুশি হন? না, আমি মিষ্টভাষণ করব, কারণ তার ফলে আমার নিজের ভালো লাগবে।

সু ও: বেশিরভাগ মানুষ বহির্জগৎকে তুষ্ট রাখতে, প্রতিনিয়ত কত কিছুই না করে চলেছে।

ভ শি: উত্তম। একটাই মানদণ্ড এর সঙ্গে যোগ করা উচিত, প্রথমে নিজের ভালো, তারপর জগতের।

অনেকেই দেখবেন অন্যের জন্য কাজ করছেন কোনো প্রতিদানের আশায়। সেটা না পেলে, মর্মাহত হয়ে পড়ছেন। কিছু পাওয়ার জন্য কি কোনো কাজ করা উচিত?

সু ও: যদি কাজের পরিবর্তে শুধু সমালোচনাই তার প্রাপ্য হয়?

ভ শি: প্রথমেই বুঝতে হবে, আমি কাজ করবার মুহূর্তে কিরকম অনুভব করছিলাম। যদি অনুভূতি সন্তোষজনক হয়, তাহলে সেটাই যথেষ্ট। কিন্তু পরিবর্তে যদি সমালোচনা আমার প্রাপ্য হয়, তাহলে তার বৈধতা নিয়ে ভাবতে হবে বৈকি।

সু ও: আমার ভাইঝি একবার একটি ইমেইলে জানায়, দু বার আমি তার সঙ্গে রূঢ় আচরণ করেছিলাম। পরিণামে সে দুঃখ পেয়েছিল। আমি আত্মপক্ষ সমর্থন করে বলেছিলাম, 'ক্লান্ত থাকার দরুন, এমন হয়েছিল'। অথচ প্রকৃতপক্ষে আমি তার প্রতি রূঢ় ব্যবহার করেছিলাম।

ভ শি: এখন নিজের ভুলগুলো উপলব্ধি করতে পারছেন তাই, ক্ষমা চাইতে কোনো অসুবিধে নেই। আমরা, অসামর্থতার আড়ালে নিজেদের দুর্বলতা লুকোবার প্রয়াস করি। রূঢ় আচরণের কৈফিয়ত দিতে শুরু করলে, তার শেষ করা কঠিন হতে পারে।

সু ও: আমি কিছুই করছি না, শুধু নিজের মনকে দোষারোপ করছি।

ভ শি: আমরা নিজেদের মনকে, অন্তরসত্তার থেকে আলাদা করে ভাবি। আমার মনের মালিক শুধু আমি নিজে, তাই তার দায়িত্বও আমার। অথচ আমরা বলি, আমাদের মন নিয়ন্ত্রণে নেই। যেন কোনো অভিভাবক নিজের সন্তানের উপরে হাল ছেড়ে দিয়েছেন। কেউ এসে তাকে বলল 'আপনার সন্তান ভদ্র আচরণ করছে না', উত্তরে সেই অবিভাবক বললেন 'দুঃখিত আমার সন্তান আমার আয়ত্তে নেই, দয়া করে ওকে আপনি নিজের নিয়ন্ত্রণে রাখুন'।

যেহেতু আমার মন নিয়ন্ত্রণে নেই, আমি আপনার মনকে আয়ত্তে আনার চেষ্টা করবো। যদি আপনি আমাকে কিছু বললেন, আর আমি নিজের মন কে বাগে আনতে পারলাম না, তখন, আমি আপনাকে জিজ্ঞেস করব 'এই কি আপনার কথা বলার ধরন?' অর্থাৎ আমি আপনাকে নিয়ন্ত্রণ করার চেষ্টা করব। আমার দরকার নিজের মনকে জিজ্ঞেস করা 'এইভাবে কি আমার ভাবা উচিত?' এভাবে আমি আপনাকে নিয়ন্ত্রণ করে চেষ্টা করব যাতে আপনি আমার সঙ্গে ভালোভাবে কথা বলেন, আর ভালোভাবে কথা বললেই আমার মন খুশি থাকবে।

আসুন দেখা যাক, কিভাবে আমরা প্রতিটি সম্পর্ক নিয়ে ভাবতে, অনুভব করতে এবং থাকতে চাই।

সু ও: আমি কীভাবে সম্পর্কের মধ্যে, থাকতে, ভাবতে এবং অনুভব করতে চাই?

ভ শি: এসব নিয়ে না ভেবে। আমাদের মনোযোগ প্রধানত অন্যদের খুশি করার জন্য ব্যয় হয়ে যায়।

সু ও: এটা সত্যি খুব ক্লান্তিকর।

ভ শি: আপনার মনে হয় না যে, এই কাজই আমরা প্রতিনিয়ত করে চলেছি? কখনো পরিবারকে খুশি রাখার চেষ্টা করছি, কখনো সহকর্মীদের, আবার কখনো বন্ধুদের। আমার ধারণা, তারা খুশি হলেই আমি খুশি থাকব। সেজন্যে অকৃত্রিমভাবে আমি চেষ্টা করে চলেছি।

সু ও: অথবা, কারও সুখের প্রতি আমাদের কোনো উৎসাহ নেই। এই দুইয়ের মধ্যে সমতা কিভাবে আসবে?

ভ শি: ভারতবর্ষে কোনো মেয়ের বিয়ে হলে, অনেক পরিবারে দেখা যায়, তার শ্বশুড়বাড়ির লোকজন চান সে নিজের চাকরি ছেড়ে সংসারে মন দেবে। অনেক মহিলা এই কারণে চাকরির থেকে ইস্তফা দিয়ে দেন। তারপরেও তাদের বলতে শোনা যায় যে, শশুড়বাড়ির লোকেরা এখনো খুশি নন। তাদেরকে খুশি রাখতে সে নিজের চাকরি ত্যাগ করল, অপরদিকে, সে নিজে এই সিদ্ধান্তে খুশি হল না। এই কারণে অনেকেই মানসিক নৈরাশ্যের শিকার হয়ে পড়ছেন।

সু ও: অন্য কোনো কারণেও তো তারা অসুখী থাকতে পারেন।

ভ শি: আর কোনো কারণে নয়। অপরকে খুশি রাখতে, নিজের মনকে বেঁধে সে চাকরি ত্যাগ করে। অন্তরে এরজন্য সে কখনোই খুশি থাকে না। ২০ বছর ধরে সে ঘরে বসে থাকে, শুধুমাত্র অন্যের খুশির খাতিরে। শেষ কালে তাদের জন্য সে কি বার্তা রেখে যায়? 'আমি অসুখী, শুধু তোমাদের জন্যে'। এবারে আপনি বলুন, সেই পরিবার কিভাবে সুখী থাকতে পারে?

সু ও: পরিবার খুশি নয়, কারণ মেয়েটি পরিবারে অবিরত নাকারাত্মক উর্জা বহন করে আনছে?

ভ শি: এখানেই আসল রহস্য। আমি কোনোকিছু করে কাউকেই খুশি রাখতে পারব না। যদি কিছু করবার ইচ্ছে হয় তাহলে, আগে নিজেকে খুশি রাখতে হবে। অন্যথা সে কাজ করা উচিত নয়।

সু ও: কিন্তু এমন কিছু কাজও থাকে, যেগুলো নিজের সুখের পরোয়া না করেও করতে হয়, নয় কি?

ভ শি: এধরনের কাজে আপনার সঠিক উৎসাহ থাকবে না, যদিও আপনি কাজটি করবেন। আমি হয়তো আপনাকে একটি উপহার দিলাম, কিন্তু অন্তরে অসন্তুষ্ট এবং উদাস থাকলাম। তখন আপনি সেই উপহার নিয়ে খুশি থাকবেন না, কারণ তার সঙ্গে, আমার এক টুকরো উর্জাও আপনার কাছে চলে এসেছে। এক্ষেত্রে আপনার জন্য আমি এই কাজটি করলাম, কিন্তু এর ফলে আমার মনে কোন ধরনের উর্জার জন্ম নেবে? সম্পর্কের মধ্যেও উর্জার প্রাধান্য আছে, শুধু সম্পর্কগুলোকে কোনো কাজের সঙ্গে সরাসরি তুলনা করা চলে না। কর্তব্যের পূর্বে আমাকে বুঝতে হবে, মনের সায় আছে কি নেই। নিজেকে বলতে হবে 'আমি এই কাজ করছি, কারণ যার জন্য এই কাজ করা হবে, সে আমার জীবনে বিশেষ মূল্য রাখে।' কোনো কাজ করার আগে, সঠিক চিন্তা ও উর্জার সৃষ্টি হওয়া বাঞ্ছনীয়, অন্যথা সেই কাজ না করা শ্রেয়।

সু ও: কর্তব্য কাকে বলে?

ভ শি: দায়িত্ববোধজ্ঞান। আমরা সামাজিক প্রাণী, আমাদের চারপাশের মানুষদের প্রত্যাশার মূল্য আমাদের দিতে হয়। তারা চান, আমি তাদের ইচ্ছা ও উদ্দেশ্য বুঝে কাজ করি। আমি মনে করি তাদের খুশি রাখাই আমার সবচেয়ে বড় দায়িত্ব, তাই আমি তাদের পছন্দমতো কাজ করি। কিন্তু সেই কাজ যদি আমি অসুখী-মনে করি, আমি প্রার্থিত ফল থেকে বঞ্চিত থাকব। উপরন্তু, যখন আমি তাদের জন্য কোনো কাজ করব, আমার মনেও তাদের প্রতি প্রত্যাশা জন্মাবে।

সু ও: বোধগম্য করা কঠিন।

ভ শি: কারণ আমরা 'কি করছি', তার উপরে কেন্দ্রিত হয়ে থাকি। সারাদিনে দেখবেন, কাজের প্রাধান্য তৈরি করে চলেছেন। 'আমাকে এই কাজ করতে হবে', 'আমাকে ওই কাজ করতে হবে।' 'নিজেকে' কি হতে হবে, তার উপরে গুরুত্ব দেওয়া সবচেয়ে জরুরি।

সু ও: শিশুরা বলে আমাকে অনেক হোমওয়ার্ক করতে হবে। এটা কি ঠিক?

ভ শি: হ্যাঁ। তাদের করতে হবে। সেই কাজ করার সময় তারা যেন শান্ত, ধীর আর খুশি থাকতে পারে, সেই দিকে যত্ন নেওয়া প্রয়োজন। ধরুন, আমাকে একজায়গা থেকে অন্য কোথাও দৌড়োতে হবে। এই কাজ আমি তখনি সঠিকভাবে করতে পারব, যদি আমি সুস্থ থাকি। অন্যথা, আমি আরও দুর্বল হয়ে পড়ব। এই কাজ, আমার জন্য তখন শুধু যন্ত্রণা এবং সংগ্রামের মতন লাগবে। ঠিক সেরকমভাবে, যেই কাজ আমি সারাজীবন ধরে প্রতিনিয়ত করে চলি, তার জন্য আমাকে মানসিকভাবে সুস্থ থাকতে হবে, আর তখনই আমার সৃষ্টিগুলো সুন্দর হয়ে উঠবে।

সু ও: আবেগপ্রবণ মন কে সুস্থ রাখার উপায় কি?

ভ শি: জীবনের এই গুরুত্বপূর্ণ বিষয়টিকে আমরা অবহেলা করে থাকি। আমাদের ধারণা হয়, যে মন নিজেই নিজেকে সুস্থ করে তুলতে পারবে। নিজের অন্তরে, সুখ খোঁজার অভিপ্রায় নিয়ে অন্যের উপরে নির্ভর করতে চাই—ভ্রান্ত ধারণার দ্বারা শিকার হয়ে ভাবি, আমরা একে অপরকে হয়ত সুখী রাখতে পারি।

সু ও: আমি কিছু মানুষদের দেখেছি, যারা নিজেদের অভিভাবকদের থেকে নিষ্কৃতি লাভের জন্য বিয়ে করে, অথচ সেখানেও তারা বিফল হয়। কি করে একজন মানুষ সবসময় সমতা এবং স্থিরতা বজায় রেখে চলবে?

ভ শি: বৈবাহিক জীবনে সুখী না হয়ে এই সম্পর্কের বাইরে সুখ খুঁজতে চেয়েছে, এমন মানুষও আছে।

সু ও: তারপরেও তারা সুখী হয় না, এবং পুনর্বিবাহ করে।

ভ শি: কারণ আমাদের জীবনের সবচেয়ে বড় ভ্রান্ত ধারণা হল, 'সুখ অন্যেরা প্রদান করছে।' তাই আমরা, সুখের অন্বেষণ করে চলি।

সু ও: আমরা এই সিদ্ধান্তে উপনীত হই যে, সুখের উৎপত্তি বহির্জগৎ থেকে হয় না। সুখের জন্য আমরা, আধ্যাত্মিক কেন্দ্রে যাই, কেনাকাটা করতে যাই, সিনেমা দেখতে যাই।

ভ শি: যখন আমি নিজের মনকে বিভ্রান্ত করার চেষ্টা করি, তখন কি হয়? কোনো টেলিভিশন এর অনুষ্ঠান, সিনেমা ইত্যাদি আমাদের মনকে কিছুক্ষণের জন্য বন্ধ করে রাখে। ধরুন আপনার দাঁতে ব্যাথা হয়েছে। আপনি ঠিক করলেন কোনো অনুষ্ঠান বা সিনেমা দেখবেন। দেখতে দেখতে আপনি নিজের ব্যথা ভুলে গেলেন, কিন্তু টেলিভিশন বন্ধ করার পর, আবার যন্ত্রণা অনুভূত হল। এর অর্থ কি অনুষ্ঠানের সময় দাঁতের যন্ত্রণার উপশম হয়েছিল? না, আপনি যন্ত্রণা অনুভব করতে পারেননি কারণ, আপনার মন অন্যদিকে বিভ্রান্ত হয়ে পড়েছিল। তাহলে এই যন্ত্রণার প্রতি সচেতন কে? আপনার মন। তাই বিভিন্ন কাজের দ্বারা যেমন কেনাকাটা, সিনেমা ইত্যাদি, আমি শুধু নিজের মনকে বিভ্রান্ত করে রাখি। কাজ শেষ হলেই, যন্ত্রণার প্রত্যাবর্তন হয়।

এই সমস্ত যেমন শারীরিক যন্ত্রণার জন্য প্রযোজ্য, তেমনি মানসিক কষ্টের জন্যও। সারাদিনের ধকলের পর, যখন আমার মন উদ্বেগ ও চাপে নিষ্পেষিত হয়ে পড়ে, তখন একটা সিনেমা, দিন পনেরোর ভ্রমণ ইত্যাদি, তার থেকে মুক্তির উপায় নিয়ে আসতে চায়।

সু ও: তাহলে বলছেন এটা একধরনের পলায়ন-প্রবৃত্তি?

ভ শি: নিজের মনকে অন্য কোথাও নিয়ে যাওয়ার একটা উপায় বলতে পারেন।

সু ও: তাহলে এই প্রবৃত্তিকে অস্থায়ী সুখ বলা চলে?

ভ শি: সুখ নয়। এটি অস্থায়ীরূপে মনকে, সত্য উপলব্ধির থেকে বিভ্রান্ত করার উপায় বলা চলে। এই উপলব্ধি 'সুখ' নয়, কারণ আমরা কিছু সময় পরে সেই এক পরিস্থিতিতে ফিরে আসছি। একে সুখ বলা চলত, যদি এই ক্রিয়া মনের অশান্তিকে সুস্থ করে তুলতে সক্ষম হতো। আমাদের দাঁতটি আরোগ্যলাভ করেনি, শুধু আমরা যন্ত্রণার প্রতি সচেতন হয়ে পড়িনি মাত্র।

সু ও: তাহলে সিনেমা, পিকনিক, ছুটি ইত্যাদিতে গিয়ে লাভ কি হয়?

ভ শি: একটি পরিবর্তন বা বিনোদনের পন্থা বলতে পারেন। দৈনন্দিন কর্মসূচির থেকে আলাদা কিছু।

সু ও: দয়া করে আমাদের চিরন্তন সুখ লাভের জন্য, অপর কোনো ব্যক্তির উপরে নির্ভরশীল না হয়ে, চিন্তনের পদ্ধতি বলুন।

ভ শি: আসুন, আমরা নিজেদের চিন্তার প্রতি সচেতন হই। সুখের খোঁজে, মনকে কোনো পথে বিভ্রান্ত না করি। বিভ্রান্তি, আমার সচেতন মনের স্বতঃস্ফূর্ত, প্রাকৃতিক গতির বাধাসৃষ্টিকারী বল। তার কাজ, আমার মনের অন্দরে সুখের অলীক স্বপ্নের সৃষ্টি করা। ভ্রম-মুক্তির পরে আমার মন সচেতনতার সঙ্গে যন্ত্রণার সূচনা করবে। আমার মনের নিয়ন্ত্রণ যেন আমার কাছে থাকে।

সমস্যার থেকে দূরে পালিয়ে, তার সমাধান খোঁজা সম্ভব নয়। কতকাল আমি পালিয়ে বেড়াব? কতকাল আমি ছুটি কাটাব? একসময় আমাকে ফিরতেই হবে।

আসুন নিজেকে নিষ্ক্রিয় করে মনন করা যাক।

নিজেকে নিরীক্ষণ করি ... আগামীকাল আমি কার্যে উপনীত হব ..... যেরকম পরিস্থিতি আসুক ... আমি কাউকে দোষারোপ করব না ... আমার অনুভূতির জন্য কেউ দায়ী থাকবে না ... কারণ আমি জানি আমি নিজেই সৃষ্টিকর্তা ... যখন আমার চেতনা আমাকে বলবে, আমার সমস্যা অন্যের সৃষ্টি ... আমি নিজের দিকে ফিরে তাকাব ... আমার নিজেকে পরিবর্তন করবার প্রয়োজন কি ... আমার প্রকৃতি কিরূপ, আমার ব্যক্তিত্ব কি ... অন্যের ব্যক্তিত্ব এবং আচরণের দ্বারা আমি নিজেকে প্রভাবিত করব না ... আমার চারপাশে যা কিছুই ঘটুক, আমি নিজের গুণ ও ক্ষমতার একমাত্র বিকিরণকারী সত্তা ... এটাই আমার স্ব-নির্ভরশীলতা ... ওম শান্তি!

চিরন্তন আনন্দের মন্ত্র

- মানুষের প্রতি আমাদের প্রতিক্রিয়া, আমাদের ব্যক্তিত্ব নির্ভর হবে, অপরের আচরণ নির্ভর নয়।

- অপরের প্রতি আমাদের আচরণ, সর্বপ্রথম আমরা নিজেরা অনুভব করব।

- অপরকে নিয়ন্ত্রণের ভ্রান্ত চেষ্টা না করে, নিজেদের চেতনাকে পরিবর্তন করা শ্রেয়।

- অন্যকে সুখী করার প্রচেষ্টায় নিজের জীবন অতিবাহিত না করে, আসুন আমরা চয়ন করি কিভাবে আমাদের চিন্তা ও অনুভূতি, সম্পর্কের মধ্যে প্রবাহিত হবে।

- অপরের জন্য কিছু করার আগে ভাবতে হবে, এই কাজে আমি নিজের সুখ খুঁজে পাব কিনা। যদি অন্যের জন্য কিছু করার অভিপ্রায় রাখি, পরিবর্তে বুঝতে হবে, সেই কাজ করার মূল আনন্দ শুধু আমার।

- সমস্যার থেকে দূরে গিয়ে, তার নিদান খুঁজে পাওয়া অসম্ভব। টেলিভিশন, কেনাকাটা ইত্যাদি, সাময়িকভাবে যন্ত্রণা-উপশমের বিভ্রান্তি নিয়ে আসে। এর নাম সুখ নয়, কারণ আমার মনের যন্ত্রণার আরোগ্য এতে সম্ভব হয়নি।

হতাশার পরিসমাপ্তি—একটি উপলব্ধির মাধ্যমে

সু ও: আমি পড়েছি, শান্তি ও সুখ একই পথের যাত্রী। লেখক বলেছেন, শান্তি পাওয়া যায় শিশুর নির্মল হাসিতে, মায়ের নরম হাতের ছোঁয়ায়; ঈশ্বর বা ধর্মের সঙ্গে এর কোনো সম্পর্ক নেই অথচ সমস্তকিছু জুড়ে আছে একজনের মানসিক অবস্থার সঙ্গে।

ভ শি: যথার্থ। দুই ক্ষেত্রেই, লেখক সত্তার স্পন্দনের কথা বলেছেন। শিশুর নির্মল হাসি, পবিত্রতা ও পাপশূন্যতার স্পন্দন নিয়ে আসে এবং মায়ের স্পর্শে আসে ভালোবাসা ও নিঃশর্ত অঙ্গীকারের সু-স্পন্দন। আমরা যখন এইসব ইঙ্গিত, কোনো স্থূল ক্রিয়ার অনুপাতে অনুভব করে থাকি, তখন প্রত্যক্ষভাবে সেই স্পন্দনের উর্জা নিজেদের মধ্যে আহরণ করি। এবং সেইজন্যে আমরা শান্তি অনুভব করি। আর শান্তি যেখানে, সুখও সেখানে।

সু ও: জননী ও সন্তানের জন্য এই সম্পর্ক কত সহজ, অথচ অন্যদের জন্য আমাদের প্রচেষ্টা করতে হয়।

ভ শি: স্বাভাবিক করে তোলার জন্যেই তো প্রচেষ্টা। প্রয়াস, সবসময় অপরের জন্যেই করতে হয়। যা কিছু নিজের জন্য করছেন, সেগুলো প্রাকৃতিক। আমি যদি আপনাকে খুশি করার অভিপ্রায় নিয়ে কিছু করতে চাই, তাহলে আমাকে প্রয়াস করতেই হবে।

সু ও: নিজের প্রবৃত্তি নিয়ে থাকা অথবা নিজের প্রকৃতিকে মেনে নেওয়াতেই শান্তি, প্রেম ও সুখের সন্ধান আছে, তাই না?

ভ শি: হ্যাঁ। আমাকে সচেতন হতে হবে নিজের প্রাকৃতিক গুণ সম্বন্ধে। বহিরাগত কোনো মাধ্যমের দ্বারা এই দক্ষতা অর্জন করায় কোনো কার্যকারিতা নেই। আমার প্রাকৃতিক সংস্কার শুধুমাত্র আমার নিজের—এই সত্যটি মেনে নিয়ে, প্রবাহমান হয়ে চলতে হবে; উপলব্ধি করতে হবে যে, বহির্জগতে এর কোনো অস্তিত্ব নেই।

সু ও: অনেকে নিজের রাশির দোহাই দিয়ে বলেন 'আমি সিংহ রাশির বা বৃষ রাশির ইত্যাদি, তাই আমি বদমেজাজি।' নিজেদের আচরণের দায়, রাশির উপরে আরোপ করা ভালো কাজ নয়।

ভ শি: হিন্দি ভাষায় একটা খুব সুন্দর শব্দ আছে—সংস্কার। অর্থাৎ চরিত্রের বৈশিষ্ট্য। প্রতিটি সত্তার ৫ ধরনের সংস্কার থাকে। এর সম্বন্ধে জানার প্রয়োজন আছে। প্রথম সংস্কার আমরা নিজেদের পরিবারের থেকে পাই। আমাদের নিকটবর্তী আত্মীয়স্বজনের উর্জা আমাদের মধ্যে প্রবাহিত হয়। দ্বিতীয় সংস্কার আমরা পাই নিজেদের দেশ, ধর্ম, বিদ্যালয়, বন্ধু-বান্ধব ও পরিবেশ থেকে। প্রায়ই শুনে থাকবেন যে বলা হয়, তোমার সংসর্গে তোমার রং বদলাচ্ছে। আপনার চারদিকের মানুষজন, উর্জা ও বিশ্বাস প্রণালী এই সংস্কার সৃষ্টি করে।

তৃতীয় সংস্কার আমরা পাই আমাদের অতীত থেকে। আমাদের সত্তা অবিনশ্বর এবং আধ্যাত্মিক। আমরা নিজেদের নশ্বর দেহ ত্যাগ করে আর একটা দেহ ধারণ করি। কিছু সংস্কার, সেই আগের দেহের সঙ্গে, এই জন্মেও আমরা নিয়ে আসি। মৃত্যুকালে আমাদের সংস্কার হারিয়ে যায় না, বরং

পুনর্জন্মের দিকে স্থানান্তরিত হয়ে যায়। অনেকটা সিডি-র মতন, আপনি প্লেয়ার বদলালেও, এক সিডি থেকে একই গান বাজবে।

সু ও: পূর্বজন্মের কথা আমরা আলোচনা করব না কারণ, অনেকেরই এই দর্শনে হয়তো বিশ্বাস নেই।

ভ শি: এটা বিশ্বাসের কথা নয়। আমাদের পরস্পরবিরোধী চিন্তা এর জন্য দায়ী। আজকালকার অভিভাবকরা চান তাদের সন্তানেরা চারিত্রিকভাবে একইরকম হবে। তাঁরা বলেন, 'আমরা একইভাবে আমাদের দুই সন্তানকে প্রতিপালন করেছি, তাহলে তারা এতো ভিন্ন কেন?' অবিভাবক এক, পরিবার এক, পরিস্থিতিও এক; সেজন্যেই তাঁরা প্রত্যাশা করেন, সন্তানদের সংস্কার একই হবে। দুইজন যমজ হতে পারে, হয়তো একই রাশি বা একই দিনে ও স্থানে জন্ম, অথচ তাদের অভিব্যক্তি সম্পূর্ণ আলাদা। কারণ, কিছুদিন আগে যখন তারা এই পরিবারে জন্মগ্রহণ করেনি, তাদের দুটো আলাদা পরিবার ছিল। তাদের ভিন্ন অতীত ছিল, যার অংশ, এই জন্মে তারা বহন করে এনেছে।

পূর্বজন্মের সংস্কারকে আমরা উপেক্ষা করতে পারি না, কারণ বর্তমান তার সাথে ওতপ্রোতভাবে জড়িয়ে আছে। আমরা মানুষকে তাদের বর্তমান দিয়ে বিচার করি, ভুলে যাই তাদের একটা অতীত ছিল।

সু ও: সন্তানদের বোঝবার জন্য, এটি অভিভাবকদের একটি বিচক্ষণ পদ্ধতি বলা চলে।

ভ শি: অভিভাবকরা, সন্তানদের একে অপরের সঙ্গে তুলনা করে বলে থাকেন 'নিজের ভাইয়ের মতন হওয়ার চেষ্টা কর।' অথচ তারা দুজন সম্পূর্ণ ভিন্ন ব্যক্তিত্বের মানুষ। আজ, যদিও তারা আমাদের বাড়িতে জন্ম নিয়েছে, কিন্তু তাদের স্বতন্ত্র প্রকৃতি আমরা অনুধাবন না করতে পেরে, একইভাবে দুজনকে বিচার করবার চেষ্টা করছি।

সু ও: অনেক 'মা' কে দেখি সন্দেহ প্রকাশ করেন, তাদের নিজের সন্তানের জন্ম নিয়ে।

ভ শি: সেই মা, বুঝে উঠতে পারেন না যে তার সন্তান কোন জায়গা থেকে এই সংস্কার নিয়ে এসেছে। তিনি তো এই সংস্কার প্রদান করেননি। সন্তানও বুঝে উঠতে পারে না। যেমন, একটি ছেলের চুরি করার অভ্যেস আছে, অথচ সে সম্পন্ন ঘরের সন্তান। সে অন্য একটি ছেলের পেন্সিল চুরি করে নিয়ে আসে। এ যেন তার এক সহজাত প্রবৃত্তি। চুরি করার এই প্রবণতা, তার আধ্যাত্মিক উর্জার দ্বারা গত জন্মের থেকে এই জন্মে প্রবাহিত হয়েছে। আমাদের অবচেতনে, এই সংস্কার সর্বদা কাজ করে চলে।

সু ও: এই ধরনের সচেতনতার মাত্রায় পৌঁছনো, বেশ দুরূহ কাজ। প্রায়ই দেখা যায়, একটি প্রেরণা ও প্রতিক্রিয়ার মধ্যে খুব সামান্য ব্যবধান থাকে।
ভ শি: অভিনিবেশ ও চর্চার মাধ্যমে এই কাজ সহজ হয়ে যায়। কিছু বছর পূর্বে, অনুষ্ঠানে কারোর ফোন বাজলে আমার অসুবিধে হতো।

সু ও: কোন কোন পর্যায়ের মধ্যে দিয়ে আপনি অস্থিরতার থেকে সুস্থির হওয়ার পথ খুঁজে পেয়েছেন?
ভ শি: অনেকের মতে দীর্ঘ সময়ের প্রয়োজন হতে পারে। কিন্তু সেটা সঠিক নয়। একটি সচেতন মুহূর্তে, মনের মধ্যে জন্ম নেওয়া চিন্তাই যথেষ্ট—অন্যথা হয়তো এই ফোনের আওয়াজ আমাকে সারাজীবন বিব্রত করে তুলতে পারত; অর্থাৎ, আমাদের জীবন, চারধারে বেজে চলা ফোনের আওয়াজের দ্বারা অতিষ্ট হয়েও অতিবাহিত হতে পারে।

সু ও: 'সচেতনতার একটি মুহূর্ত' বলতে কি বোঝায়?
ভ শি: শুধু একটা চিন্তা—'ফোনের শব্দের মতো তুচ্ছ একটি জিনিস কি করে আমার মনের শান্তি বিঘ্নিত করতে পারে?'

কার ফোন বাজছে সেটা গুরুত্বপূর্ণ নয়। ফোনের আওয়াজকেও দায়ী করছি না, দায়ী আমার চিন্তাগুলো, যা আমাকে বাধ্য করছে ভাবাতে—'কেন ওরা ফোনগুলোকে বন্ধ করে রাখতে পারছে না, ওরা কি জানে না যে, এটা একটা সার্বজনীন অনুষ্ঠান?' সুতরাং, ফোনের আওয়াজ আমাকে বিব্রত করছে না, আওয়াজটি একটি সূত্র মাত্র। আমাকে বিব্রত করছে আমার

মনের চিন্তাগুলো। আমি ভাবতাম, ফোনগুলোকে বন্ধ করে দেওয়া উচিত। বর্তমানে ভাবি—'বন্ধ করা বা না করা ওদের ইচ্ছে, এবং এই ইচ্ছা কে আমি সন্মান করি।'

সু ও: একসময় আমার সিনেমার শুটিংয়ের মধ্যে দিয়ে কেউ হেঁটে গেলে বিরক্তবোধ করতাম। কিন্তু এখন কত লোকজন চারদিকে ঘুরে বেড়ায়, আমার মন এই পরিস্থিতিকে গ্রহণ করে নিতে শিখছে।

ভ শি: এখানেই আমাদের চতুর্থ সংস্কারের সূত্রপাত। বিরক্ত হওয়া হয়তো, বিগত জন্মের অথবা বর্তমান পরিস্থিতির ফলপ্রসূত। সঠিক সচেতনতার মাধ্যমে আমরা আমাদের বর্তমান সংস্কারকেও বদলাতে পারি। এক্ষেত্রে নিজেদের সংস্কার আমরা নিজেরাই তৈরি করতে পারি প্রবল ইচ্ছাশক্তির সাহায্যে। সর্বদা অতীতের সংস্কারকে দোষারোপ না করে, জীবনে সচেতনতা এবং পরিবর্তনকে প্রাধান্য দেওয়া উচিত।

সু ও: সচেতনতা, ইচ্ছাশক্তিকে বাড়িয়ে তুলতে পারে?

ভ শি: হ্যাঁ। আমি নিজের ইচ্ছাশক্তির জোরে নতুন সংস্কারের সৃষ্টি করতে পারি। যতবার আমি বলছি 'সবকিছুর জন্য তুমি দোষী' অথবা 'আমি এই কারণে বিরক্ত হচ্ছি' ততবার, আমার দুর্বলতা বৃদ্ধি পায় এবং বহিরাগত শক্তি আমাকে নিয়ন্ত্রিত করে। ইচ্ছাশক্তি প্রকৃতঅর্থে আমার চয়ন করবার ক্ষমতাকেই বোঝায়। নিজের চিন্তা, কার্য পদ্ধতি ও নিজের অস্তিত্বের মুল স্বরূপকে বাছাই করবার ক্ষমতা। অনেকসময় আমাদের মনে, ইচ্ছেশক্তি নিয়ে সন্দেহের সৃষ্টি হয়, অথচ, প্রতিটি মানুষ একই পরিমাণ ইচ্ছাশক্তি নিয়ে জন্মায়। আমাদের জীবনে এই শক্তির পরিমাণ নির্ভর করে তার ব্যবহারের উপরে। ইচ্ছাশক্তির অব্যবহারে তার ক্ষমতার হ্রাস অবশ্যম্ভাবী।

সু ও: আমি একজনকে চিনি, যিনি ৩০ বছরের পুরোনো মদ্যপানের আসক্তি, মাত্র ২ দিনে ত্যাগ করতে পেরেছিলেন। আমার যদি একই পরিমাণের ইচ্ছাশক্তি থাকে, তাহলে সেই শক্তি আমি দেখতে পাই না কেন?

ভ শি: খুব সহজ। আমি সেই শক্তিকে ব্যবহার করি না তাই। যে কোনো ক্ষমতা, যথার্থ অভ্যেসের দ্বারা বিকশিত হয়ে ওঠে।

সু ও: যদি আমি নিজের ক্ষমতাকে বুঝতে ও ব্যবহার করার উপায় না জানতে পারি তখন?

ভ শি: সেই কারণেই আমাদের শিক্ষার প্রয়োজন। আমাদের অন্তরের এই শক্তির অভ্যুখানের জন্য মনন এবং ধ্যান আবশ্যক। দৈনন্দিন জীবনে, অধ্যাত্মবাদকে উপেক্ষা করে জীবন কাটানোর অপর অর্থ নিজের এই শক্তিকে অবহেলা করা। যেই অসীম ঐশ্বর্যের চাবিকাঠি আমাদের হাতে আছে, তাকে উপলব্ধি করে বহির্বিশ্বে প্রেম, শান্তি আর সুখের অন্বেষণ করা অবান্তর।

সু ও: এই ঐশ্বর্যের ভান্ডারকেই আপনি 'ধ্যান' নামে অভিহিত করতে চান?

ভ শি: তার অবস্থান আমাদের অন্তর্মনে। চাবি আমাদের কাছেই আছে, শুধু জানতে হবে তার যথার্থ প্রয়োগ।

সু ও: এই ভান্ডার খুলতে অথবা অন্য অর্থে নিজের শক্তির বিকাশের জন্য কোনো মার্গনিদর্শকের প্রয়োজন আছে?

ভ শি: কেউ হয়তো পথ নির্দেশ দিতে পারবেন, কিন্তু আমার হয়ে খুলতে পারবেন না। এই ইচ্ছাশক্তিকে কেউ আমাদের জন্য সক্রিয় করতে পারবেন না। মার্গনিদর্শক, কেবল এই শক্তির অস্তিত্ব উপলব্ধি করার উপায় বলতে পারেন মাত্র। উদাহরণস্বরূপ, কোনো আসক্তি থেকে মুক্ত হতে চাইলে; যেমন মদ্যপান থেকে বিরত হওয়া, অথবা টেলিভিশন ও সামাজিক মাধ্যমগুলোয়, অতিরিক্ত সময় ব্যয় করার থেকে দূরে থাকতে চাওয়ার প্রচেষ্টায়। আমরা একটি শক্তিশালী ধনাত্মক চিন্তা প্রবাহের সৃষ্টি করি :

'আজ আমি মাত্র এক ঘন্টা টেলিভিশন দেখব' এই ধনাত্মক চিন্তার দ্বারা আমরা সচেতন হলেও, এর নাকারাত্মক দিক সম্বন্ধে অবগত হই না। যেমন 'কি করে না দেখে থাকব? ... আমার টেলিভিশন দেখতে ভালো লাগে ... বহুবার চেষ্টা করেও আমি সফল হতে পারিনি ... এটা আমার অভ্যেস ... একদিনে বন্ধ করা সম্ভব নয় ... অবশ্যই আমার সময় লাগবে।'

এখানে একটা ধনাত্মক চিন্তার সঙ্গে আমরা অনেকগুলো ঋণাত্মক চিন্তারও জন্ম দিয়ে ফেলেছি, এবং পরবর্তীসময়ে এই নেতিবাচক ভাবনাগুলো আমাদের মনকে অধিকার করে ফেলবে। যখন আমরা কোনো কাজের সিদ্ধান্ত নেব, তখন শুধু সেই একটি চিন্তা নিয়েই আমাদের কাজ করা উচিত।

সু ও: আমাদের সবার মধ্যে একই মাত্রার ইচ্ছাশক্তি থাকলে, কিছুসংখ্যক মানুষ, অন্যদের তুলনায় কি করে শীঘ্র আসক্তি মুক্ত হতে পারে?

ভ শি: সবার মধ্যে সমপরিমাণ ইচ্ছাশক্তি আছে। সবাই শক্তিশালী। নিজের ইচ্ছাশক্তির অনুভূতিলাভ তখনি সম্ভব, যখন সচেতন হয়ে এই শক্তির অস্তিত্ব ও পরিমাণ সম্বন্ধে জ্ঞাত হব। অবশ্যই আমার চারধারে কি ধরনের মানুষ আমাকে প্রভাবিত করছে তারও মূল্য আছে।

আমরাই আমাদের আশেপাশের মানুষদের ইচ্ছাশক্তি হ্রাসের প্রধান কারণ। যদি আপনার সন্তান social media-র মাধ্যমে বেশি সময় অপচয় করে, আপনি সেক্ষেত্রে তাকে ১ ঘন্টার সময়সীমা বরাদ্দ করতে পারেন। আপনার কথা, দৃঢ় ও ইতিবাচক হলেও, আপনার চেতনায়, সন্দেহ ও অসফলতার রেশ থেকেই যায়।

সু ও: অন্তরে আমি নিশ্চিত যে, আমার সন্তান এরকম করতে পারবে না।
ভ শি: আমার প্রতিটা চিন্তা, আমার সন্তানের জন্য উর্জার কাজ করে।

সু ও: তাহলে সন্তান কেন, তার অভিভাবকের উর্জার দ্বারা সংবিগ্ন হয়ে পড়ে?
ভ শি: পারিপার্শ্বিক উর্জার দ্বারা নিজের মনকে প্রভাবিত না করার জন্য, প্রচন্ড আত্মসংযম ও মানসিক শক্তির প্রয়োজন হয়। এই শক্তির বিকাশ অন্তর্মনে এই ভাবনার সঙ্গে সৃষ্টি হয়, যে—আমি কারোর দ্বারা প্রভাবিত হব না। যদি কোনো শিশু, কিছু অর্জন করার চেষ্টা করে, আমাদের সামান্যতম সন্দেহ বা ভয়ের অবকাশ রাখা উচিত নয়। নতুবা, আমরা তাকে নিরস্ত ও দুর্বল করে ফেলব। 'তুমি পারবে—আমাদের তোমার উপরে পূর্ণ বিশ্বাস

আছে'—এই মূলমন্ত্রে তাকে দীক্ষিত করতে হবে। তাহলেই সেই শিশুটি ক্ষমতাশালী হয়ে উঠবে।

আজকাল কর্পোরেট সেক্টরগুলোতে, কর্মচারীদের প্রেরণা জোগানোর প্রচেষ্টা চলেছে। এই প্রেরণা, ভাষাগত বাচনভঙ্গি ব্যতীত সম্ভব নয়। আপনার অধস্তন কর্মচারী যদি দেরিতে কাজে আসে, তাহলে আপনি তাকে প্রেরণা দিয়ে বলতে পারেন 'আমি আশা করছি যে, তুমি এবার থেকে সময়মতো কাজে আসবে'। কিন্তু অন্তর্মনে আপনি ভাবছেন 'আমি চিনি ওকে, ও সময় মতো কাজে আসার লোক নয়, ও বদলাবার মানুষ নয়।'

অর্থাৎ আমাদের চিন্তন ও কথন সম্পূর্ণ ভিন্ন। তাই যখন আমরা কাউকে, 'আমরা পরিবার', 'বন্ধু', 'আমরা একে অপরের জন্য সর্বদা'—এই ধরনের কথাগুলো বলব, তখন সেসব শুধুমাত্র শব্দ হয়ে না থেকে যায়, সেইদিকে খেয়াল রাখতে হবে। আমাদের চিন্তন ও কথনের মধ্যে একটা সমন্বয় থাকা বাঞ্ছনীয়। এই সামান্য একটি বস্তু সম্পর্ককে বাঁচিয়ে রাখে। মতবিরোধ আমাদের অন্তর্মনের উর্জার মধ্যে তীব্র সংঘর্ষের সৃষ্টি করে প্রবাহিত হয়ে যায় অপর মানুষটির উদ্দেশ্যে। মনে রাখবেন, মানসিক উর্জার গতি সবসময় সর্বাধিক।

সু ও: আমরা বলে থাকি 'কি সুন্দর হয়েছে আপনার জামাটা', অথচ মনে মনে ভাবি 'লোকটার পছন্দ খুব খারাপ।'
ভ শি: সুন্দর জামা পরে আছে, এই কথাটা বলার কি প্রয়োজন?

সু ও: অনেকেই এরকম বলে থাকে। আমরা আশেপাশের মানুষদের থেকেই শিখে এরকম বলে থাকি।
ভ শি: কিন্তু আমি আপনাকে এইরূপ বলব কেন?

সু ও: মানুষকে খুশি করার জন্য।
ভ শি: মানুষকে খুশি করার জন্য। এটাই সবচেয়ে গুরুত্বপূর্ণ। আমরা এই ধরনের কথা বলছি শুধু মানুষকে খুশি করার অভিপ্রায় নিয়ে। কিন্তু, খুশি

বা সুখ শব্দের দ্বারা আবদ্ধ নয়। সুখ ... একটি উর্জা, একটি স্পন্দন, এক সুন্দর অনুভূতি।

একদিকে আমি আপনার জামার প্রশংসা করছি, অন্যদিকে মনে মনে আপনার পছন্দের নিন্দা করছি; ফলে আপনার কাছে কিধরনের বার্তা প্রবাহিত হচ্ছে? জানবেন, স্পন্দন, শব্দের থেকে অনেক বেশি শক্তিশালী ও দ্রুতগতিসম্পন্ন।

সু ও: উনি কি বুঝতে পারবেন আমার মনের প্রকৃত কথা?

ভ শি: না পারবেন না। আমরা মানুষের ভাবনাকে ধরতে পারি না। এই কাজের জন্য আমাদের মনকে অত্যন্ত শান্ত করতে হবে, কিন্তু আমরা অনুভূতি ও স্পন্দনকে অনুভব করতে পারি। সেইজন্যেই একজন মানুষের সঙ্গে সফল ভাবে সাক্ষাৎ ও কথোপকথনের পরেও, তার সম্বন্ধে আমরা বিরূপ মনোভাব পোষণ করে থাকি। যেমন 'আমার মনে হয় না, উনি যা বলছেন, সেটাই বোঝাচ্ছেন। ওনার সঙ্গে দেখা করে আমার ভালো লাগেনি।' এইধরণের সম্পর্কে কোনো ভিত থাকে না। আদতে, একে সম্পর্ক বলাই সঙ্গত নয়। একটি মাত্র ভুল ধারণাই যথেষ্ট এই ভিতকে ভেঙে দেওয়ার জন্য। এই ক্ষেত্রে, অত্যন্ত জরুরি নিজেকে সবার আগে, এই ধরনের কাজের যথার্থতা নিয়ে প্রশ্ন করা।

একটা পদ্ধতি এরকম—যদি আমি জামাটির উৎকর্ষতা সম্বন্ধে নিশ্চিত না হই, তাহলে এধরনের কথা বলবই না। আমার পছন্দ না হলে, সেটা নিয়ে মিথ্যে বলব না। এটা সততা। প্রথমে আমি নিজেকে বোঝাব 'সুন্দর' কাকে বলে। হয়তো সাদা জামা আমার পছন্দ নয়; আমার পছন্দ আমার কাছে গুরুত্বপূর্ণ, অন্যের কাছে কেন হবে? ওনার পছন্দ, নিজের কাছে স্বতন্ত্র। যতক্ষণ অবধি আমার কথন ও চিন্তনে সামঞ্জস্য না আসছে, ততক্ষণ আমাকে চেষ্টা করে যেতে হবে। তারপরে আমার বার্তা স্পষ্ট ও সুন্দর হয়ে উঠবে।

সু ও: আমি যদি ভদ্রলোকের মনে জামাটির সম্বন্ধে ভুল বার্তা জ্ঞাপন করি, তাহলে আমার কি পরিণতি হতে পারে?

ভ শি: সেক্ষেত্রে আমি নিজেকে প্রতারণা করছি এবং আমি নিজের কাছে

সৎ নই। আমার চিন্তন, কথন ও কার্যের মধ্যে কোনো সঙ্গতি নেই। এই অসঙ্গতি আমার অন্যান্য কর্ম পদ্ধতিকেও প্রভাবিত করবে। আমার ইচ্ছাশক্তির বিনাশ হবে। এইজন্যেই আজকালকার দিনে, আমাদের জীবনে ইচ্ছাশক্তির পরিমাণ এত কমে গেছে।

সু ও: পঞ্চম সংস্কারটি কি?

ভ শি: আমার প্রধান ও আদি সংস্কার। এই পঞ্চম সংস্কারটিকে জানলেই, বাকি ৪টিকে নিয়ন্ত্রণ করতে পারব। পূর্বজন্মের থেকে আহরিত সংস্কার আমার নিয়ন্ত্রণে নেই। পরিবারের থেকে প্রাপ্ত সংস্কারেও আমার নিয়ন্ত্রণ নেই। সমাজ থেকে পাওয়া সংস্কার আমার নিয়ন্ত্রণমুক্ত। আমার নিয়ন্ত্রণে আছে শুধু আমার ইচ্ছাশক্তি, যার দ্বারা আমি নতুন সংস্কার সৃষ্টি করতে সক্ষম, এবং এই ইচ্ছাশক্তিকে জাগিয়ে তোলে আমার আদি-সংস্কার। আমার আসল প্রকৃতি, যা এই পৃথিবীর প্রতিটি মানুষের জন্য প্রযোজ্য।

প্রতিটি জীবন নিজের আদি-সত্তায়, পবিত্র, স্নেহশীল, শান্ত ও শক্তিমান। আমাদের অন্তরেই এর নিবাস, অথচ আমরা এর খোঁজ করে থাকি বহির্জগতে। অধ্যাত্মবাদ আমাদের 'আমার সুখ চাই, শান্তি চাই' এই সনাতন বিশ্বাসকে পরিবর্তিত করে 'সুখ, শান্তি আমার অন্তরে অধিষ্ঠিত, আমিই পরম শক্তিশালী' এই যুক্তিবাদে। যদি আমি বুঝতে পারি যে, আমি শান্তিপূর্ণ, তখন নিজেকে আমি 'দাতা' রূপে খুঁজে পাব; আমার সুখ ও প্রেমের অন্বেষণের সমাপ্তি হবে, এবং সবার মধ্যে শান্তি, প্রেম ও সুখ বিলিয়ে দিতে পারব।

যেমন আমাদের মানসিক চাপের মুহূর্তগুলোতে, নেতিবাচক উর্জার প্রবাহ আশেপাশের সবার মধ্যে হয়ে থাকে। ঠিক তেমনি, যখন আমরা প্রকৃত অর্থে অন্তর্মনে শান্তির সন্ধান পাব, সেই সাকারাত্মক উর্জাও চারপাশে প্রবাহিত হবে সম্পূর্ণ স্বয়ংক্রিয় পদ্ধতিতে। উর্জা, সংক্রমণের মতন সামনের মানুষের থেকে আমাদের মধ্যে প্রবাহিত হয়।

সু ও: আমিই শান্তি, আমিই প্রেম, আমিই জ্ঞান, আমিই সুখ।

চিরন্তন আনন্দের মন্ত্র

- আমাদের চরিত্র ৫ ধরনের সংস্কার দিয়ে তৈরী।
- যেই সংস্কার আমরা পরিবার ও পরিবারবর্গদের থেকে পাই, তাকে বংশগত সংস্কার বলা হয়।
- আমরা পরিবেশ, ধর্ম, সংস্কৃতি, বন্ধু ও দেশ থেকে অপরজাতীয় সংস্কার আহরণ করে থাকি।
- আর এক ধরণের গুরুত্বপূর্ণ সংস্কার আমরা পূর্বজন্ম থেকে নিয়ে আসি।
- চতুর্থ সংস্কার আমাদের ইচ্ছাশক্তির দ্বারা সৃষ্ট।
- পঞ্চম সংস্কার হল আমাদের আদি-সংস্কার, যথা পবিত্রতা, শান্তি, প্রেম, সুখ, জ্ঞান, শক্তি ও সত্যতা।

চিন্তাধারা নিজ নিয়ন্ত্রণে রাখুন

সু ও: নিজের মনকে নিয়ন্ত্রণে রাখার উপায় কি? আমার মন আমার সঙ্গে লুকোচুরি খেলে, সবসময় আমার নাগালের বাইরে থাকে।

ভ শি: আপনাকে আমার পড়া একটি গল্প বলি। একবার এক ভক্ত তার গুরুর কাছে তাঁর জ্ঞানের রহস্য জানতে চায়। উত্তরে গুরু বলেন 'সচেতনতা'। শিষ্য বুঝতে না পেরে বারবার গুরুকে একই কথা জিজ্ঞেস করতে থাকে এবং প্রতিবার গুরু বলতে থাকেন সচেতনতা ... সচেতনতা ... সচেতনতা। শিষ্য সচেতনতার অর্থ বুঝতে পারেনা, এবং প্রশ্ন করে 'সচেতনতার অর্থ কি?' গুরু বলেন 'সচেতনতার অর্থ সচেতনতা এবং তার অর্থ কেবল সচেতনতাই', অর্থাৎ এই অনুভূতির কোনো তার্কিক রূপ নেই। সচেতনতা অর্থ নিজের চিন্তাভাবনা সম্বন্ধে সচেতন হওয়া এবং তাদের পর্যবেক্ষণ করা। আমরা আমাদের জীবনে অনেক কিছু নিয়ে সচেতন থাকি, যেমন সমুদ্রের তলায় কি হচ্ছে—চাঁদের উপরে কি হচ্ছে, অন্য গ্রহে কি হচ্ছে, পড়শির ঘরে কি হচ্ছে—আমরা সর্বত্রই কি হচ্ছে তা নিয়ে সচেতন থাকি। সুতরাং

সচেতনতার অর্থ, আমাদের চারপাশে কি ঘটছে সেই সব পরিস্থিতি সম্বন্ধে অবগত থাকা।

সু ও: আর আমার অন্তরে যা হয়ে চলেছে?

ভ শি: অন্তরে কিছু নেই। এই অন্তর নামক বস্তুটি ভীষণ জটিল। যখন আপনি বলছেন অন্তরে দেখো—আমি বুঝে উঠতে পারছিনা, কোথায় দেখব? কি দেখব? আমাদের কি করা উচিত? অন্তরে দেখা মানে, নিজেদের সৃষ্ট ভাবনাগুলোকে দেখা। আপনি একটা অনুশীলনী করে দেখতে পারেন, ভোরবেলা হাঁটতে বের হন। পারিপার্শ্বিক সমস্ত ঘটনার থেকে নিজেকে নির্লিপ্ত রেখে, জিজ্ঞেস করুন 'আমি কি ভাবছি'। এই অনুশীলনী আপনি সারাদিন করতে পারেন।

সু ও: লোকেরা ভাববে আমি নিজের মনে কথা বলছি।

ভ শি: আমি নিজের সঙ্গে কি কথা বলছি সেটা আপনি বুঝতে পারবেন না। চেষ্টা করে দেখুন।

সু ও: যখন আমি একটা চিন্তাকে নিরীক্ষণ করতে যাই, সেই চিন্তার স্রোত বন্ধ হয়ে, নতুন চিন্তার জন্ম দেয়।

ভ শি: কারণ আমি এই প্রচেষ্টা বহুদিন ধরে করিনি। প্রতিনিয়ত অভ্যাসের ফলে, আমাকে বারবার থেমে নিজের চিন্তাকে নিরীক্ষণ করতে হবে না। আমি সব সময় নিজের চিন্তা সম্বন্ধে সচেতন থাকব। ধরা যাক অফিসে, আজ আমার দিনটা ভালো ছিল না। আমি বাড়ি আসলাম, খবরের কাগজ খুলে বসলাম, ও ভাবতে শুরু করলাম 'এরকম আমার সঙ্গে হওয়ার প্রয়োজন ছিল না; এমনভাবে ওদের আমার সঙ্গে কথা বলা উচিত হয়নি, আমি এত কাজ করি অথচ আমার কাজের মূল্য কেউ বোঝে না।' কে এই চিন্তা ভাবনাগুলো করছে? আমি। এটাই সচেতনতা। সচেতনতার দ্বিতীয় পর্যায়ে আমি ভাববো আমার এই চিন্তা কি সঠিক? তৃতীয় পর্যায় হল আমি কি নিজের এই চিন্তা বদলাতে পারব?

সু ও: আমার মন কখনো চিন্তামুক্ত হতে পারবে?

ভ শি: আমাদের জীবনে কোনো এমন মুহূর্ত নেই যখন মন চিন্তা মুক্ত থাকে।

সু ও: মন সব সময় সজাগ থাকে। আমাদের কি একে সজ্ঞানে অন্য কোনোদিকে প্রবাহিত করে দেওয়া উচিত?

ভ শি: আমাদের মন সর্বদা, জলের মতো বয়ে চলেছে। আমি এর প্রবাহ রোধ করতে পারি না, কিন্তু একে বিভিন্নদিকে দিশা দিতে পারি। জলের প্রবাহ যেমন রোধ করা যায় না তেমনি মনকে চিন্তামুক্ত রাখা সম্ভব নয়। অনেকে ভাবেন, ধ্যান করলে হয়তো মনকে চিন্তামুক্ত রাখা যায়, তাই তারা কোন আলোকবিন্দুর উপরে মনকে কেন্দ্রীভূত করে বলেন, চিন্তা নেই—চিন্তা নেই—চিন্তা নেই। কিন্তু, 'চিন্তা নেই', একটি চিন্তা ব্যতীত আর কিছু নয়।

মনকে চিন্তামুক্ত করা সম্ভব নয় তাই কৃত্রিম পদ্ধতিতে মনকে সেরকম কিছু করতে বাধ্য করানো অনুচিত। এইরকম পদ্ধতির দ্বারা, আমরা মনকে তার স্বাভাবিক ছন্দের থেকে দূরে নিয়ে গিয়ে আরও ভারগ্রস্ত করে তুলতে পারি। স্বাভাবিক কোনকিছুকে দমন করে রাখা প্রকৃতির নিয়মবিরুদ্ধ'।

সু ও: এই প্রচেষ্টায় আমরা হতাশ এবং ক্লান্ত হয়ে পড়ি।

ভ শি: যথার্থই। সেইজন্য আমি বলি যে চেষ্টা করা সত্ত্বেও নিজের মনকে ধ্যানকেন্দ্রিত করে তুলতে পারিনি, কারণ আমার মনের মধ্যে চিন্তার প্রবাহ বয়েই চলেছে। এরকম অনেকের সঙ্গে হয়েছে, আমাদের মনে সর্বদা কিছু না কিছু ভাবনার জন্ম হয়েই চলে; এ যেন একটি গাড়ির মতন, পঞ্চম গিয়ারে চলতে চলতে, হঠাৎ আমার ইচ্ছা হল তাকে নিউট্রালে নিয়ে আসার। আমি কি এই কাজটা একবারে করতে পারব? সেই রকম চেষ্টা করলে, কি ফল হতে পারে? গাড়ি ঝাঁকি দিয়ে থেমে যাবে।

সু ও: আমি সচেতন হতে শুরু করলাম, এরপর?

ভ শি: আপনি জ্ঞান লাভ করবেন।

সু ও: আমি আপনার সঙ্গে কথা বলছি, আমার মন এখন এই বিষয়টি নিয়ে সচেতন। এটাই আমার মনের ভাবনা ও প্রশ্ন। এরপর?

ভ শি: আমি আমার ভাবনার স্রষ্টা, এই বিষয়টিকে নিয়ে সবার আগে নিজেকে সচেতন করতে হবে। আমরা অনেক সময় এই ভেবে ভুল করি যে কোন বহির্গত প্রেরণার দ্বারা, আমার চিন্তার সৃষ্টি হয়েছে। অনেককে বলতে শুনেছি 'আমার মাথায় এই ভাবনাটা এল'। এর কি অর্থ?

সু ও: 'তার কথায় আমার মনে পড়ে গেল। সে আমাকে ভাবতে বাধ্য করিয়েছে। এই কাজের জন্য দায়ী সে।' এইরকম অনেক ভুল ভাষার প্রয়োগ হয়।

ভ শি: হ্যাঁ। ভুল বিশ্বাস পদ্ধতির জন্য, ভুল অভিব্যক্তির জন্ম হয়। আমরা মনে করি আমাদের চিন্তা ভাবনার স্রষ্টা বহির্গত কোনো প্রেরণা। যেকোনো কঠিন পরিস্থিতি হোক আমার ভাবনার স্রষ্টা একমাত্র আমি নিজে। এই সত্যের উপলব্ধি হতেই আমার সত্তা, অন্যকে দোষারোপ করা বন্ধ করে দেয়।

সু ও: আমার ভাবনা সম্বন্ধে আমি সচেতন। আমার চিন্তার স্রষ্টা একমাত্র আমি। অতঃপর আমি সিদ্ধান্ত নেব এই চিন্তা আমার পক্ষে ক্ষতিকারক কিনা। আমি কি ঠিক বলছি?

ভ শি: যথার্থ। যেই মুহূর্তে আমি স্বীকার করব যে আমার চিন্তার স্রষ্টা কেবলমাত্র আমি, সেই মুহূর্ত থেকে সেইসব ভাবনাকে বদলাবার ক্ষমতাও লাভ করব।

সু ও: দায়িত্ব একটি কঠিন কাজ। মুখে যদি বলি যে, আমি দায়িত্ব নিতে সক্ষম; তবু এর গভীরতা বোঝা আমার পক্ষে দুঃসাধ্য।

ভ শি: কারণ আমরা বহির্গত জগৎ নিয়ে সর্বদাই ব্যস্ত থাকি এবং অন্তরের সচেতনতা নিয়ে, আমরা সজাগ থাকি না। বাইরের জগৎ নিয়ে নিবিষ্ট থাকার ফলে, ভেতরের সৃষ্টিকে ভুলে যাই, এবং জীবনের বিকল্পগুলোকে বিচার করি না।

সু ও: আপনি একবার একটি শিশুর কথা বলেছিলেন, যে সে যখন একটা টেবিলে ধাক্কা লাগায় ব্যাথা পেয়েছিলো, তার অভিভাবকরা, এই বলে সান্ত্বনা দিয়েছিলেন যে, 'টেবিলটা দুষ্টু'; শুনে শিশুটিও খুশি হয়, ও ভুলে যায়, ব্যাথা পাওয়ার জন্য ভুল তার ছিল। অর্থাৎ ছোটবেলার থেকেই অপরকে দোষারোপ করার কাজ শুরু হয়ে যায়।

ভ শি: এটা সত্যি কথা। শিশুটিকে বোঝানোর প্রয়োজন ছিল যে, টেবিল তার নিজের জায়গায় আছে, সে ঠিকভাবে দেখতে পায়নি, তাই ব্যথা পেয়েছে।

অফিসে আমার বস আমার প্রতি রুষ্ট। আমার সব কাজ ঠিকভাবে করা সত্ত্বেও তাকে খুশি করা সম্ভব হচ্ছে না। আমার মনের ভেতরে প্রতিক্রিয়া শুরু হল 'আমার আন্তরিকতার কোনো মূল্য নেই তার কাছে। আমার প্রচেষ্টার কোনোরকম প্রশংসা সে করতে চায় না।' এই সমস্ত চিন্তার জন্য আমি নিজের বসকে দোষারোপ করব এবং এই চিন্তাগুলোর ন্যায্যতাকে দৃঢ়ভাবে সমর্থন করব। পরবর্তীকালে আমি নিজের বসকে পরিবর্তন করার চিন্তাও মনে স্থান দিতে পিছপা হব না। এখানেই আমার সচেতনতা এবং দায়িত্ববোধ জ্ঞানের পতন অবশ্যম্ভাবী।

সু ও: যদি সচেতন থাকি, তাহলে বুঝব, এই ধরনের চিন্তার স্রষ্টা, কেবলমাত্র আমি এবং পরিণামস্বরূপ বসের প্রতি নেতিবাচক উর্জার প্রবাহ, আমিই রচনা করেছি।

ভ শি: শুধু তাই নয়, বসকে পাঠানো নেতিবাচক শক্তির প্রতিফলন আমার এবং আমার আশেপাশে যারা আছেন, তাদের উপরেও হবে। আমার পরিবার প্রভাবিত হবে। এই জন্যেই, আমরা যদি মানসিক চাপে থাকি, আমাদের সন্তানরাও তার থেকে মুক্তি পায় না।

সু ও: আমি লক্ষ করেছি মানসিক চাপ নিয়ে বাড়ি ফিরলে, আমার পোষা কুকুরটিও কাছে ঘেঁষতে চায় না।

ভ শি: আসুন অন্যভাবে ব্যাপারটাকে দেখা যাক। প্রতিদিন আমরা ৪০০০০ থেকে ৫০০০০ চিন্তার সৃষ্টি করছি। অর্থাৎ আমাদের অজ্ঞানে প্রতি মিনিটে ২৫-৩০ টি চিন্তার জন্ম হয়। তাহলে বুঝতেই পারছেন যখন আমরা বলি

'চিন্তা মনে আসতেই থাকে', আমরা প্রকৃতপক্ষে কোন ধরনের জীবন অতিবাহিত করছি। অনেকটা এইরকম যে, আপনি এমন একটি কোম্পানির মালিক, যেই কোম্পানিতে প্রতিদিন ৪০০০০ থেকে ৫০০০০টি বস্তু তৈরি হয়; অথচ আপনি তাদের গুণবত্তা সম্বন্ধে সম্পূর্ণ অজ্ঞ। এক্ষেত্রে বিশৃঙ্খলা আসবেই।

মোটামুটি আমরা চিন্তাকে চার ভাগে বিভক্ত করতে পারি। শুদ্ধ, শক্তিশালী, ধনাত্মক চিন্তাগুলো প্রথম সারির হয়। এই ধরনের চিন্তা সম্পূর্ণ পরিষ্কার ও নিঃস্বার্থ হয়। আজকালকার দিনে এরা বিরল। নিঃস্বার্থ অর্থে অন্যের ভালোর জন্য মনে প্রাণে চিন্তা করা, ফলের কোনো আশা না রেখে। প্রত্যাশা থেকেই, চিন্তা ধনাত্মক থাকবে না। দ্বিতীয় শ্রেণিতে আসে নেতিবাচক চিন্তা। এদের সংখ্যা অনেক বেশি, যেমন—রাগ, ঘৃণা, সমালোচনা ইত্যাদি। তৃতীয় শ্রেণিতে পরে প্রয়োজনীয় অথবা নিরপেক্ষ চিন্তাগুলো। যেমন, আমাকে এই কাজটা করতে হবে, ওখানে যেতে হবে ইত্যাদি। আমাদের নিশ্চিত হওয়া দরকার যে, এই প্রয়োজনীয় চিন্তার সঙ্গে যেন কোনোপ্রকারে নেতিবাচক চিন্তা না আসতে পারে। যেমন, 'আমাকে বিমানবন্দরে যেতে হবে', এই চিন্তার সঙ্গে, 'আশা করব পথে যেন যানজট না থাকে, ঠিক সময়মতো যেন পৌঁছে যেতে পারি', এইধরনের নেতিবাচক চিন্তার আশা বাঞ্ছনীয় নয়। চতুর্থ শ্রেণিতে পড়ে অপ্রয়োজনীয় চিন্তা। এমন চিন্তা যা আমাদের আমাদের নিয়ন্ত্রণে নেই। এই ধরনের চিন্তার ফলে সময়ের অপচয় হয়। এক্ষেত্রে সাধারণত, আমরা ভবিষ্যৎ এবং অতীত নিয়ে ভাবি, যার কোনো নিয়ন্ত্রণ আমাদের কাছে নেই।

সু ও: অতীত, ভবিষ্যৎ এমনকি অন্যকে নিয়ে ভাবাও অপ্রয়োজনীয়।

ভ শি: অন্যকে নিয়ে আমরা, 'ওরা এমন করতে পারত, কেন ওরকম করল, আমি চেয়েছিলাম আমার মতন করে করুক'—ইত্যাদি ভাবি। দেখবেন, এইসব চিন্তাই, হয় পূর্বঘটিত অথবা ভবিষ্যতে ঘটবে এমন বিষয়কেন্দ্রিক। একদিন এই ধরনের চিন্তা নিয়ে, মনের মধ্যে সজাগ থাকলে, আমাদের বিস্মিত হয়ে পড়তে হবে।

যেই সব চিন্তা শুধু অতীত বা ভবিষ্যৎ ঘিরে তৈরি, সেইসব চিন্তা করে

আমাদের কোনো লাভ হয় না। অতীত বা ভবিষ্যৎ কোনোটাই আমাদের নিয়ন্ত্রণে নেই।

সু ও: একবার গাড়ি চালিয়ে বাড়ি ফেরার পথে, সিনেমায় করব এমন একটি দৃশ্য নিয়ে ভাবতে ভাবতে, বাড়ি ছেড়ে আরও সামনে এগিয়ে গিয়েছিলাম। পরে গাড়ি ঘুরিয়ে পেছনে ফিরে আসতে হয়েছিল।

ভ শি: এরকম ভাবতে ভাবতে, সারাটা জীবন পেরিয়ে যেতে পারে। প্রথমে, আমাদের সচেতন থাকতে হবে যে, আমি নিজেই নিজের চিন্তার স্রষ্টা, এবং তারপরে বুঝতে হবে, কোন ধরনের চিন্তা আমার মনে আসছে।

নাকারাত্মক এবং অপ্রয়োজনীয় চিন্তা ক্ষতিকারক। অপ্রয়োজনীয় চিন্তার হাত ধরে, নেতিবাচক চিন্তার জন্ম হয়ে থাকে। অতীত বা ভবিষ্যৎ নিয়ে ভাবলে, 'এরকম হতে পারত, ওই দিনগুলিই ভালো ছিল, ওদের এরকম কাজ করা উচিত হয়নি' অথবা 'এরকম হলে আমি খুশি হব' ইত্যাদির চক্রবর্তে আমরা ঘুরতে থাকব। এগুলো কখনোই সঠিক চিন্তনের পথনির্দেশ করে না।

সু ও: সেইজন্য লোকেরা বলেন 'আজ কোনো কাজ না করেও ক্লান্ত লাগছে।'

ভ শি: হ্যাঁ। মনের মধ্যে সঠিক চিন্তা-ভাবনা থাকলে, এই জাতীয় নেতিবাচক চিন্তা কখনো আসত না। মন তখন অন্য কোনো প্রয়োজনীয় কাজে নিযুক্ত থাকত। ৪০০০০-৫০০০০ বড় সংখ্যা, ভেবে দেখুন, সঠিক মাত্রা না পেলে এই সব চিন্তা, মনের ভেতরে কি করতে পারে?

মনোবিজ্ঞানীরা বলেন, গড়পড়তা, ৮০% সময় অতীতে, এবং ১৫% সময় আমরা ভবিষ্যৎকে নিয়ে চিন্তা করে কাটিয়ে দিয়ে থাকি। অর্থাৎ আমাদের ৯৫% চিন্তায় অপব্যয় হয়ে যায়।

সু ও: অতীতের জন্য ব্যয় করা ৮০% চিন্তার মধ্যে, কতটাই বা আর ধনাত্মক থাকে।

ভ শি: অতীতে কোনো কিছুই ধনাত্মক থাকে না। যদি সেই চিন্তা সুখকর হয়, তাহলে তার কথা ভেবে, সেই দিনগুলোকে নিয়ে সুখানুভূতি কোনো

ধনাত্মক প্রবাহ বয়ে আনতে পারে না। স্মৃতি, যতই সুখের হোক, সেটা অতীত। গুরুত্বপূর্ণ শুধু 'এখন।'

সু ও: মানুষ নিজের অতীত নিয়ে কথা বলে, সেইসময় সে কোন চাকরি করত, তার সম্মান ইত্যাদি।

ভ শি: আমরা অতীতের কথা ভেবে বর্তমানে মানুষের মনোযোগ আকর্ষণের চেষ্টা করি। আমাদের চিন্তার অনুপাতে কথার সংখ্যা খুবই পরিমিত।

২৫-৩০ টি চিন্তার বিনিময়ে ততটা কথন সৃষ্টি হয় না। আমাদের চিন্তার শক্তি অপরিসীম, প্রতিটি চিন্তা আমাদের শরীরের সমস্ত কোষকে প্রভাবিত করে। পারমাণবিক শক্তির মতন, এর দ্বারা সৃজন ও ধ্বংস দুটোই সম্ভব। পারমাণবিক শক্তি দিয়ে আমরা একদিকে যেমন এম.আর.আই, সি.টি. স্ক্যান করতে পারি, তেমনি অন্যদিকে ক্ষেপণাস্ত্র নির্মাণও। যাবতীয় উর্জার শক্তিকে, গঠনমূলক ও বিনাশক, দুটো কাজেই ব্যবহার করা সম্ভব। আমাদের চিন্তাও সেইরকম। এর দ্বারা একদিকে যেমন প্রেম, শান্তি, শুদ্ধতার জন্ম দেওয়া যায়, তেমনি এর থেকেই সৃষ্টি হয় ঘৃণা, হতাশা, দুঃখ, রাগ। এর মধ্যে সবচেয়ে আনন্দের কথা হল, চিন্তাগুলোর স্রষ্টা কেবলমাত্র আমি, সুতরাং আমার কাছে বিকল্প আছে।

সু ও: প্রতিটা চিন্তার প্রভাব আমার শরীরের উপরে পড়ে। প্রতিদিনের এই হাজার হাজার চিন্তা তাহলে আমার শরীরের কী করতে পারে?

ভ শি: চিকিৎসকেরা আজকাল বলেন, অধিকাংশ অসুস্থতার কারণ মন ও শরীরের আত্মিক যোগের কারণে হয়। মন সুস্থ হলেই শরীরও আরোগ্য লাভ করবে। মন ব্যতীত শরীরের যত্ন সুদূরপ্রসারী ও কার্যকর নয়। অনেক মানুষকে দেখবেন, যিনি শাকাহারী, নিয়মিত ব্যায়াম করেন, অথচ ৩০ বা ৪০ বছর বয়েসে হৃদরোগে আক্রান্ত হয়ে পড়েন। এর মূল কারণ মনকে অযত্নে রাখা।

আসুন নিজেকে নিষ্ক্রিয় করে ধ্যানকেন্দ্রিত করি।

আসুন নিজের চেতনা সম্পর্কে সচেতনতা নিয়ে আসি ... আমার মন, একান্ত ব্যক্তিগত ... দৈনন্দিন সমস্ত কাজে যেমন, গাড়ি চালাতে চালাতে, হাঁটতে, কথা বলার সময়, নিজেকে পর্যবেক্ষণ করি, সচেতন হই, মনকে নিয়ে ... আমার মনকে আর কেউ দেখছে না ...

আমার চিন্তা, আমার সৃষ্টি ... সতত প্রবাহমান ভাবনার স্রোত ... আসুন নিজের চিন্তাকে পর্যবেক্ষণ করি ... নিয়ন্ত্রিত করি ... কেউ যা কিছু বলুক ... যা কিছুই ঘটুক আমার চারপাশে ... সুখকর বা দুঃখের ... মানুষের ব্যবহার, যেরকমই হোক ... আমি নিজেকে নিষ্ক্রিয় করে পর্যবেক্ষণ করি ... ধীরে ধীরে চিন্তাকে অন্য দিশায় প্রবাহিত করি ... কারণ আমি প্রভু, আমি স্রষ্টা ... নিজের ধ্যানবিন্দু, বহির্জগৎ থেকে অন্তরে কেন্দ্রিত করি ... উর্জা আমার অন্তর থেকে বহির্মুখে প্রবাহমান ... যা কিছু আমার অন্তরে সৃষ্টি হবে, তাই বাইরের জগতে প্রবাহিত হবে ... নিজের চিন্তার কাছে আমি সৎ ... নিজের কাছে আমি সৎ ... কর্মে ও কথনে আমি সৎ ... আমি নিজেকে ভালোবাসি ... নিজেকে বিশ্বাস করি ... কারণ আমি শুদ্ধ ... ওম শান্তি!

চিরন্তন আনন্দের মন্ত্র

- সচেতনতার অর্থ, নিজের চিন্তাকে নিয়ে সজাগ থাকা। নিজের চিন্তাকে পর্যবেক্ষণ করতে সক্ষম হওয়া। নিজের চিন্তার স্রষ্টা হিসেবে নিজেকে উপলব্ধি করা।

- সচেতনতার পরবর্তী পর্যায় হল, নিজের চিন্তার গুণবত্তা পরখ করা।

- নিজের চিন্তার ব্যবহার নিয়ে সজাগ থাকতে হবে। দৈনন্দিন আমরা প্রতি মিনিটে ২৫-৩০ চিন্তার অনুপাতে প্রায় ৪০-৫০ হাজার চিন্তা সৃষ্টি করে চলেছি। চিন্তা সর্বাধিক শক্তিশালী উর্জা।

- চার ধরনের চিন্তা আছে। শুদ্ধ চিন্তা, যা মনে নিঃস্বার্থতা ও ধনাত্মক চিন্তা নিয়ে আসে। নেতিবাচক চিন্তা, যার দ্বারা রাগ, ঘৃণা, ভয়, সমালোচনা প্রত্যাখান এবং অসন্তোষের সৃষ্টি হয়।

- তৃতীয় ভাগে আসে নিরপেক্ষ চিন্তা, যা আমাদের কাজের সঙ্গে যুক্ত। এই চিন্তার হাত ধরে নেতিবাচক চিন্তার সূত্রপাত হয়।

- চতুর্থ পর্যায়ে পড়ে, অপ্রয়োজনীয় চিন্তা। যেমন অতীত ও বর্তমানের চিন্তা, যাদের উপরে আমাদের নিয়ন্ত্রণ নেই। তাই এদের নিয়ে ভাবনা, সময় ও উর্জার অপচয় মাত্র।

জীবন-লিপির শিল্প

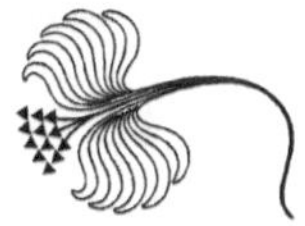

সু ও: সচেতনতা সম্বন্ধে আলোচনার পরে, আমি ধীর-স্থির হয়ে কথা বলা শুরু করি (সাধারণত আমি উচ্চস্বরে কথা বলে থাকি), এবং আমার শারীরিক উত্তেজনাগুলো স্তিমিত হয়ে যায় এবং সবকিছু শান্তিপূর্ণ ও স্থিতিশীল অনুভব করি।

ভ শি: এর দ্বারা প্রমাণিত হয়, মনকে যদি সংযত রাখতে পারেন, তাহলে শরীরের অন্যান্য প্রত্যঙ্গগুলিও নিয়ন্ত্রণে থাকে। মন আমাদের শরীরের নিয়ন্ত্রণকর্তা, সমস্ত শব্দের সৃষ্টিকর্তা যা পরে কার্যে পরিণত হয়। পরিবর্তনের প্রসঙ্গে, আমরা বলে থাকি— ‘আমি নিজের অভ্যেস বদলাতে চাই। নিজের ব্যক্তিত্বের কিছু অংশ বদলাতে চাই’, আমরা সবসময় নিজেদের বাইরের পরিবর্তনের উপায় খুঁজে চলি। নিজেদের কথা বলার ধরন, হাঁটা চলা, ব্যবহার বদলাবার প্রচেষ্টা করি, এবং অন্যদেরকেও উপদেশ দিয়ে থাকি; কিন্তু আসল পরিবর্তন দরকার আমাদের মনের গভীরে, অন্যথা বাইরের রূপান্তর, শুধুই সাময়িক। মনকে না বদলাতে পারলে, আমরা আবার পুরোনো ব্যক্তিত্বেই অনায়াসে ফিরে যাব। মনের পরিবর্তন, স্থায়ী ও ভীষণ শক্তিশালী।

সু ও: আমাদের শরীরের প্রতিটি অঙ্গের সঙ্গে জড়িত কাজ নিয়ে যেমন—আমাদের চলাফেরা, কথা বলা, দেহের ভাষা, ইত্যাদি নিয়ে আমাদের ভাবার দরকার পড়ে না। শৃঙ্খলাবদ্ধ অভিনয় প্রণালী আমাদের শেখায়, কিভাবে অন্তরের ভাব বাইরের জগতে প্রকাশ করা যায়। নিজেকে চরিত্রের সঙ্গে একাত্ম করে নিলে, সেই রূপে অভিনয় করা সহজ ও প্রাঞ্জল হয়ে যায়।

ভ শি: আমি চরিত্রটিকে নিজের ভেতরে সৃষ্টি করছি। কে এই চরিত্রের সৃষ্টিকর্তা? আমার মন।

সু ও: বিশ্বাসের উপরেই চরিত্রের অস্তিত্ব টিকে আছে। আপনি এখন আর অভিনয় করছেন না। আপনি এখন চরিত্রের সঙ্গে একাত্ম হয়ে গেছেন; তার মধ্যেই বেঁচে আছেন, এবং এগিয়ে চলেছেন।

ভ শি: আপনি নিজের স্বাভাবিক ছন্দে প্রবাহমান। আমি একটি শান্তিপ্রিয় মানুষ, আমি এই চরিত্রের স্রষ্টা, তাই এখন আমাকে চরিত্রের চলাফেরা, ব্যবহার, কথা বলা নিয়ে আলাদা করে ভাবতে হবে না। অভিনেতা হিসেবে, আমার মন নিজেকে সুনিশ্চিত করে ফেলেছে, তাই সে শান্তিতে পরিপূর্ণ। এরপর অভিনেতা যেই কাজ করবেন, সেটা শান্তির স্পন্দনে পরিপূর্ণ হবে।

সু ও: আমি অভিনয় করব একজন শান্তিপ্রিয় মানুষ হিসেবে। সুরেশ ওবেরয়, একজন শান্তিপ্রিয়, সুখী মানুষ।

ভ শি: আপনাকে নিজের মূল অস্তিত্বে প্রত্যাবর্তন করতে হবে—অর্থাৎ নিজের 'আমি' র মধ্যে। যেখানে, আমি একজন শান্তিপূর্ণ মানুষ, যার একটি নাম আছে, শরীর আছে, এবং আছে একটি নতুন চরিত্র। সেই চরিত্রের যেকোনো রূপ হতে পারে, যেমন, ডাক্তার, উকিল বা অভিনেতা।

সু ও: তাহলে শান্তিপূর্ণ সত্তাকে, প্রতিটি পদক্ষেপ একটি একটি করে শেখার দরকার নেই।

ভ শি: আমরা প্রত্যেকেই নিজের জগতে একজন অভিনেতার মতন। আপনি আপনার কর্মজীবনে ধরে নেয়া যাক ৩০০ টি চরিত্রে অভিনয় করেছেন। প্রতিটি চরিত্রে আপনার নিজের একটি ছাপ রয়ে গেছে; অর্থাৎ সেইসব চরিত্রের স্রষ্টা কেবলমাত্র আপনি। এই চরিত্রে অন্য কোনো অভিনেতা যদি আবার অভিনয় করেন, তাহলে সেটা আপনার থেকে আলাদা হবে। প্রতিটি চরিত্রে অভিনেতার ব্যক্তিত্ব প্রতিফলিত হবে।

সুতরাং আমাকে মনে রাখতে হবে, আমি কোন অভিনেতা এবং কোন চরিত্রের স্রষ্টা? তাই যে কোনো চরিত্রেই আমি অভিনয় করি না কেন, পিতা, পতি, বন্ধু, অফিসের বস—অভিনেতার ব্যক্তিত্ব প্রতিটি চরিত্রে স্পষ্ট হওয়া বাঞ্ছনীয়। অভিনেতা হিসেবে আমি কে? আমি একজন শুদ্ধ, শান্ত এবং ভালোবাসাপূর্ণ সত্তা। আমি নিজের সন্তান অথবা কোনো বন্ধুর সঙ্গে কথা বলতে পারি, দুই পরিস্থিতিতেই আমার শান্তিপূর্ণ ব্যক্তিত্বের প্রকাশ ঘটবে। আমার আলাদা ব্যক্তিত্বের কারণ হল, কোথাও আমি হয়েছি পিতা এবং কোথাও হয়েছি বন্ধু।

সু ও: পিতার চরিত্রে অভিনয় করার সময়, স্বাভাবিকভাবেই সন্তানকে আদেশ করতে হয়।

ভ শি: আমি এখানে, অভিনেতাকে, যিনি চরিত্রের গঠন করছেন, তাকে গৌণ করে, চরিত্রকে নিয়ে বেশি সচেতন হয়ে পড়েছি। আমাদের বিশ্বাস পদ্ধতিতে পিতাকে এক বিশেষ ব্যবহার প্রণালী দ্বারা ব্যাখ্যা করা হয়েছে। আমি সেই রকম আচরণেই অভ্যস্ত—পিতা কর্তৃত্বপূর্ণ, প্রখর ও নিয়ামক হবেন, আমাদের সমাজব্যবস্থা এই পদ্ধতি মেনে চলে।

সু ও: আমি আলাদা আলাদা মানুষের সঙ্গে সমন্বয় ব্যতীত, ভিন্ন ভাবে ব্যবহার করছি।

ভ শি: কারণ আমি চরিত্রকে নিয়ে সচেতন হয়ে পড়েছি। বন্ধু হিসেবে, অফিসের বস হিসেবে, ভিন্ন মাত্রায় আচরণ করছি। আমার অন্তরের অভিনেতা একদম সচেতন নয়।

সু ও: অথচ সবাই, আলাদা আলাদা জায়গায়, ভিন্ন ব্যক্তিত্ব নিয়ে জীবন কাটায়, যেমন অফিসে, বাড়িতে, পত্নীর কাছে, বা বন্ধুর সামনে।

ভ শি: এদের মধ্যে আসল কোনটি?

সু ও: আমি জানি না। চরিত্রের সংখ্যা অনেক বেশি।

ভ শি: একটা উদাহরণ নেওয়া যাক। অফিসে ঢোকার ১০ মিনিটের মধ্যে ৪ জন ভিন্ন শ্রেণির মানুষের সঙ্গে আমাদের দেখা হল। তাদের মধ্যে প্রথমজন নিরাপত্তা কর্মী, দ্বিতীয়জন রিসেপশনিস্ট, তৃতীয়জন মাঝারিপদের কোনো কর্মচারী এবং চতুর্থজন সবচেয়ে উপরের বস। দেখবেন এই ১০ মিনিটে আমাদের আচরণ ৪ বার পরিবর্তিত হয়েছে। আমি যেভাবে নিরাপত্তাকর্মীর সঙ্গে কথা বলব, সেই একইভাবে উচ্চতম বসের সঙ্গে বলব না। তাহলে এই চারের মধ্যে আমার আসল ব্যক্তিত্ব কোনটা?

সু ও: বুঝতে পারছি না। আমার বিভিন্ন চরিত্রে অবতারণার ফলে, কোনো বিশেষ একটি চরিত্র স্থায়ী হচ্ছে না।

ভ শি: আমার আসল ব্যক্তিত্ব, এই পরিবর্তনের জন্য হারিয়ে গেছে। নিরাপত্তা কর্মীর সঙ্গে আমার আচরণের থেকে উচ্চতম বস অবধি, আমি অনেকবার নিজেকে পরিবর্তন করেছি। আমাকে প্রভাবিত করেছে মানুষের পদমর্যাদা, শারীরিক বৈশিষ্ট্য ইত্যাদির মতন জিনিস যা জীবনে উপার্জন করা সম্ভব।

সু ও: লোকে বলে, এর মধ্যে দোষ কোথায়? সবাই এরকমই করছে।

ভ শি: স্বাভাবিক কিনা আমরা বলতে পারব না, তবে হ্যাঁ, এরকম আমরা অনেক দিন ধরে করে আসছি। মানুষের অর্জিত বৈশিষ্ট্যের প্রতি প্রভাবিত হয়ে আমরা নিজেদের আচরণ পরিবর্তন করে এসেছি। আজ আপনি সভাপতির পদে আছেন, কাল হয়তো থাকবেন না, এবং একই সাথে আমারও আচরণ বদলে যাবে। অর্থাৎ, আপনার সঙ্গে আমার কোনো সম্পর্কই গড়ে ওঠেনি। সেইজন্য সম্পর্ক এতো ভঙ্গুর হয়। আপনার অর্জিত বৈশিষ্ট্যের সঙ্গে সঙ্গে আমার আচরণ আপনার প্রতি বদলে যাবে।

আমরা নিজেদের ভুলে গেছি। এই অর্জিত বৈশিষ্ট্যের অন্য নাম 'অহংকার', বা ego। জ্ঞান, পদমর্যাদা, অর্থ, সম্পত্তির দ্বারা একে অর্জন করা যায়। যা আমি জীবনে পেয়েছি, সেইসব আমার স্বরূপকে বর্ণনা করে না। এগুলো আমার অর্জিত ধন মাত্র। যখন আমার চেতনা জুড়ে 'আমি জীবনে কি অর্জন করেছি' এবং 'তুমি জীবনে কি অর্জন করেছ', একে অপরের সামনে এসে দাঁড়ায়, তখন এই অর্জিত বৈশিষ্ট্যগুলি নিজেদের মধ্যে কথা বলে, মানুষ হিসেবে 'আমি' বা 'আপনি' নয়। একজনের অহংবোধ, অন্যজনের অহংকারের সঙ্গে বার্তালাপ করে। এখানে পদমর্যাদা প্রাধান্য পায়, জমা পুঁজির মাপকাঠি গুরুত্ব লাভ করে। তাহলে, এক শুদ্ধ আত্মা, অন্য একটি শুদ্ধ আত্মার সঙ্গে কথা বলে না?

এখানেই আমাদের বোঝা উচিত, অভিনেতাটি অন্তরে কোথাও সুপ্ত হয়ে আছে, এবং যা ঘটছে সেসব, শুধু বাইরের জগতের কর্মকান্ড। আমার অভিনেতা জেগে উঠলেই, সামনের ঘুমন্ত অভিনেতারও ঘুম ভাঙ বে। থিয়েটারে অভিনয়ের সময়, সামনের অভিনেতা যদি নিজের লাইন ভুলে যায়, আপনি তখন কি করেন?

সু ও: আমি তার সংলাপ ব্যবহার করে তাকে মনে করাবার চেষ্টা করি। তাকে সাহায্য করি অথবা কোনো একটা পদ্ধতি ভেবে, অভিনয় সুচারুভাবে চালিয়ে নিয়ে যাওয়ার প্রচেষ্টা করি।

ভ শি: এই কাজের জন্য কোন জিনিসের উপরে বিশেষ ভাবে মনোনিবেশ করেন? উদাহরণস্বরূপ, আমি যদি সেই অভিনেতা হই, যে নিজের সংলাপ ভুলে গেছে, তাকে সাহায্য করার জন্য প্রথমে আপনাকে নিজের সংলাপের উপরে মনোযোগ দিতে হবে তাইতো? আপনার কাছে দুটো বিকল্প থাকবে। প্রথম, আপনি নিজের সংলাপের উপরে মনোনিবেশ করে সঠিক দিকে অভিনয়কে নির্দেশিত করবেন, যাতে আমিও সেই সূত্র ধরে নিজের দিক খুঁজে পাই। দ্বিতীয়, আপনিও আমার ভুলের দ্বারা প্রভাবিত হয়ে পড়বেন, ফলে নিজের সংলাপ থেকে আপনি বিপথে চলে যাবেন এবং আমাকে, সঠিক দিশা নির্দেশ করার জন্য অধিক উৎসাহী হয়ে পড়বেন।

আমরা আজকাল অন্যের সংলাপ নিয়ে বেশি উৎসাহী হয়ে পড়ছি যেমন... তারা কি করছেন, কি বলছেন, কিভাবে আচরণ করবেন। এই কারণে আমরা নিজেদের সংলাপ সম্বন্ধে সচেতনতা হারিয়ে ফেলছি, ভুলে যাচ্ছি, আমাদের কি করা উচিত, কি বলা উচিত। টেলিভিশনের সামনে বসে আমরা অন্যের সংলাপ লেখায় ব্যস্ত হয়ে পড়ছি, কখনো সেটা কোনো মন্ত্রীর জন্য, কখনো বা কোনো ক্রিকেটার অথবা কোনো অভিনেতার জন্য। 'ওদের এভাবে অভিনয় করা উচিত নয়, পোষাক ওভাবে পরা উচিত নয়, ওরকম কাজ করা একদম উচিত হয়নি।' অপরের সংলাপের জন্য নিজেদের সময় এবং উর্জার অপচয় করে থাকি।

বরং আসুন আমরা নিজেদের সংলাপ লিখি, এক অর্থে, শুধু সেটাই আমাদের জন্য যথার্থ। আমি আপনার আচার ব্যবহারের কথা ভেবে, সংলাপ লিখতে পারি। তবে কথা হল, সেটা কি আপনি গ্রহণ করবেন, না করবেন না। তাহলে কি দাঁড়াল? নিজের সময় ও শক্তির অপচয় করে, এমন কত সহ-অভিনেতার সংলাপ আমি লিখে চললাম, কিন্তু কেউ তা ব্যবহার করল না।

সু ও: বৃথা কাজে সময় নষ্ট করা।

ভ শি: এক সময় আপনি একটাই সংলাপ লিখতে পারবেন। আমি যদি আপনার সংলাপ লিখি, তাহলে নিজেরটা লেখা সম্ভব হবে না। ধরুন, কোনো কারণে আপনি উচ্চস্বরে আমাকে কিছু বললেন, যেটা আমার পছন্দ হল না। এবারে, নিজের প্রতিক্রিয়া সম্বন্ধে সচেতন না হয়ে, আমি আপনাকে বললাম 'এভাবে আপনার, আমার সঙ্গে কথা বলা উচিত হয়নি।'

আপনার সংলাপ বদলাবার অভিপ্রায়ে, আমি নিজের নিয়ন্ত্রণ হারিয়ে ফেলব। এই প্রক্রিয়ায়, আমি নিজ সংলাপ ভুলে আপনার সঙ্গে আরও উচ্চস্বরে, ও আরও উগ্র মনোভাব নিয়ে কথা বলা শুরু করে দেব। যখন আমি নিজের সংলাপ ভুলে, আপনার সংলাপ লেখায় মনোযোগ দেব, তখন নাটকের কি অবস্থা হবে বলে আপনি মনে করেন?

সু ও: নাটক বিপর্যয়ের মুখে পড়বে।

ভ শি: আমাদের দৈনন্দিন জীবনে এই হয়ে চলেছে। আমরা যদি নিজেদের সংলাপে মনোসংযোগ রাখি, বাকি সবাই তাদের সংলাপসূত্র খুঁজে পাবে। আপনার সামনে কেউ অত্যন্ত রুষ্ট হয়েছে, তার রাগ নিয়ন্ত্রণে নেই। এক্ষেত্রে যদি আপনি নিজের সংযমে থাকেন, দেখবেন, সেও শান্ত হয়ে আসবে। অন্যথা, আপনারা দুজনেই নিয়ন্ত্রণ হারিয়ে, নিজেদের প্রকৃত সংলাপ ভুলে যাবেন। এই বিকল্প আমাদের জীবনের পথিকৃৎ যে, নিজের সংলাপ লেখাই আমাদের একমাত্র উত্তম উদ্দেশ্য। একেই আমরা সচেতনতার আখ্যা দিয়ে থাকি। লক্ষ রাখা প্রয়োজনীয় যে, অন্যের কথন ও কার্যপ্রণালীর সম্বন্ধে আমাদের ভাবার কোনো অর্থ নেই।

সু ও: তাহলে আমি নিজেকে কেন জিজ্ঞেস করি না, এই অনর্থক কাজে কেন সময় অপচয় করছি?

ভ শি: সচেতনতার পর থেকে আমরা তাই করব। আগে জানতাম না তাই ভাবতাম, এভাবে ভাবাই বোধহয় সঠিক। কোনো জলের কল খোলা দেখলে, আপনি তাড়াতাড়ি সেটা বন্ধ করে দিয়ে থাকেন, যাতে জলের অপচয় না হয়।

সু ও: আমাদের শক্তি এইভাবেই অপচয় হয়ে যায়।

ভ শি: কারণ আমরা সেই সব জিনিস নিয়ে চিন্তা করি, যা আমাদের নিয়ন্ত্রণের বাইরে।

সু ও: প্রতিটা চিন্তার প্রভাব আমাদের শরীরের উপর পড়ে।

ভ শি: আমাদের শারীরিক স্বাস্থ্য, চিন্তার উৎকর্ষতার পরিচায়ক।

সু ও: আগে আমি ভাবতাম ক্রোধ একটি স্বাভাবিক আবেগমাত্র। ধরুন কেউ আমার থেকে পয়সা ধার নিয়ে ফেরত দেয়নি, তাকে নিয়ে আমার মনে বিভিন্ন হীন ভাবনার জন্ম হতো। মনে মনে তাকে আমি নানাভাবে পীড়ন করার চেষ্টা করতাম এবং এর ফলে আমার রক্তচাপ বৃদ্ধি পেত।

ভ শি: দেখুন, পয়সা নিয়ে কেউ যদি আপনাকে প্রতারণা করে তাহলে সেটা সত্যিই খুব খারাপ ব্যাপার। তবে আমরা চাইলে, এই ক্ষতির পরিমাণ সীমিত করতে পারি। যা ঘটবার সেটা ঘটে গেছে, কিন্তু সেই ঘটনার কথা মনে রেখে নিজের মনকে কষ্ট দেওয়া, শরীরকে যন্ত্রণা দেওয়া, এই সমস্ত কিছুর জন্য দায়ী কেবলমাত্র আমি।

আমার আর্থিক ক্ষয়ক্ষতির জন্য অন্যকে দায়ী করতে পারি, কিন্তু তাছাড়া অন্য সমস্ত ক্ষতির, আমিই একমাত্র কারণ।

সু ও: আমি দায়িত্বজ্ঞানহীন ছিলাম, অথচ এ ব্যাপারটি আমার খুব সাধারণ মনে হতো।

ভ শি: একটা জিনিস মনে রাখবেন, অপরের প্রতি করা সমস্ত কাজ প্রকৃতপক্ষে আমার দিকেই দিশা নির্দেশ করে। কোনো ব্যক্তিকে উপেক্ষা করা অথবা তার প্রতি আমার ক্রোধের বহিঃপ্রকাশ, আমার নিজের দিকেই ইঙ্গিত বহন করে। কারো প্রতি কোনো ভাবনার জন্ম সর্বপ্রথম আমার মনের মধ্যে হয়; সেই অর্থে, অনুভূতির প্রথম অনুভব শুধুমাত্র আমার। কোন ব্যক্তির প্রতি ভালো অথবা মন্দ সমস্ত চিন্তা-ভাবনার প্রভাব, অধিক পরিমাণে আমার উপরই দর্শায়।

সু ও: একটি সুস্থ চিন্তা, সুস্থ শরীর, সুস্থ জীবনের পরিচায়ক।

ভ শি: আমাদের চিন্তা ভাবনাগুলো, শুদ্ধ, দয়াময় এবং প্রেম ভাবনায় পূর্ণ হওয়া উচিত। কেউ আমার সঙ্গে কোনো খারাপ ব্যবহার করল, আমার উচিত তাকে ক্ষমা করে ভুলে যাওয়া। এক অর্থে দেখতে গেলে, আমি নিজেকে ক্ষমা করছি। কারোর প্রতি রাগ ও ঘৃণা, আমার মনের মধ্যে দীর্ঘস্থায়ী হয়ে থাকবে। যা আমি সৃষ্টি করব তার প্রভাব আমার উপর অবশ্যম্ভাবী।

সু ও: আমার এক ব্রহ্মাকুমারের সঙ্গে পরিচয় হয়, তিনি আমাকে বলেন, কোনো একসময় এক ব্যক্তি, প্রতারণা করে ওনার থেকে ৫০ হাজার টাকা নিয়ে যায়। পরিবর্তে, উনি নিজের মনের মধ্যে একটি চিন্তার জন্ম দেন, যথা 'ভগবান ওকে এত পয়সা দেন, যাতে ভবিষ্যতে ও কখনো

আর কাউকে প্রতারণা না করতে পারে। ওর নিশ্চয়ই অর্থের প্রয়োজন ছিল। ভগবান ওকে ১০ গুণ বেশি অর্থ প্রদান করুন, যার ফলে, আমার মতন আর কেউ প্রতারিত না হতে পারেন।' এর ৮ বছর পর প্রতারক ওনাকে পয়সা ফেরত দিয়ে যায়।

ভ শি: আপনার পরিচিত ভদ্রলোকটি তাকে শুভেচ্ছা ও শুদ্ধ চিন্তা, সু-স্পন্দনরূপে পাঠিয়েছিলেন। তার ফলে, আট বছর পর, তিনি অর্থ ফেরত পান। এখন প্রশ্ন হল—সেই আট বছর, তার মনের পরিস্থিতি কিরকম ছিল? আপনার পরিচিত ভদ্রলোকটি, প্রতারকটির জন্য, শুভ চিন্তার এক তীব্র লহর তৈরি করেছিলেন। উনি তাকে আরো অর্থ প্রাপ্তির জন্য আশীর্বাদ করেন। এইভাবে তিনি নিজের অন্তরে শান্তি ও সুখের খোঁজ পেয়েছিলেন। যদি এর পরিবর্তে, উনি নিজের অন্তরে রাগ, ঘৃণা এবং নিকৃষ্ট চিন্তার স্থান দিতেন, তাহলে হয়তো ৮ বছর পর পয়সা ফেরত পেয়েও, অন্তরকে ক্ষতবিক্ষত করে তুলতেন। প্রাপ্ত অর্থ সেই ক্ষতস্থানকে কোনভাবেই সারিয়ে তুলতে পারত না।

সু ও: আসুন একটি সংক্ষিপ্ত ধ্যান করা যাক।

ভ শি: নিজেকে সম্পূর্ণ নিষ্ক্রিয় করে, আসুন মনন করি।

আসুন নিজেকে দেখি ... আমি নিজেই নিজের বন্ধু, নিজের প্রতি ন্যায়বান ... অপরের প্রতি করা আমার সমস্ত ব্যবহার, নিরীক্ষণ করি ... রাগ ... হিংসা ... সমালোচনা ... ঘৃণা ... আমার প্রতি তাদের ব্যবহারের জন্য ন্যায্য ... কিন্তু এখন এক দণ্ড থেমে আমি ভাবতে চাই, আমার এই বিদ্বেষ কার জন্য ... আমার সৃষ্টির প্রথম অনুভব শুধু আমার. নিজেকে প্রশ্ন করি, কে আমায় আঘাত করছে, কে আমায় যন্ত্রণা দিচ্ছে ... আমার কাছে বিকল্প আছে ... আমি শুদ্ধ আমি শান্তিপূর্ণ ... অভিনেতা, রঙ্গমঞ্চে অভিনয় করে চলেছে ভিন্ন ভিন্ন ভূমিকায়, ভিন্ন ভিন্ন অভিনেতাদের সঙ্গে। আমার অন্তরের অভিনেতা, নিজের ব্যক্তিত্বে সুদৃঢ় ... সে শুদ্ধ ... প্রতিটি ভূমিকা আমি নিজের ব্যক্তিত্বকে মনে রেখে অভিনয় করে

চলেছি ... নিজের দিকে তাকাও ... শুদ্ধরূপে তুমি আছ ... অভিভাবক হয়ে ... বন্ধু হয়ে ... অফিসের বস হয়ে ... যেখানেই তুমি যাও ... আমাকে তুমি পাবে ... আমি শুদ্ধ চিত্ত ... ওম শান্তি!

চিরন্তন আনন্দের মন্ত্র

- আমাদের চিন্তার সঙ্গে ভাষা ও কার্য বদলে যায়। অতঃপর ব্যক্তিত্বের পরিবর্তন, চিন্তার হাত ধরে আসে।

- যখন মানুষের সঙ্গে যোগাযোগ করবেন, চেষ্টা করুন তাদের আত্মার সঙ্গে যোগাযোগ করার। আত্মা শুদ্ধ এবং শরীর স্থূল, পদমর্যাদা ও সাফল্যের থেকে উচ্চমার্গীয়। জ্ঞাত চেতনার আড়াল থেকে কেবলমাত্র আমাদের অহংকার কথা বলে।

- যেকোনো পরিস্থিতিতে আমরা বিভিন্ন অভিনেতাদের সঙ্গে, নিজের ভূমিকা পালন করে চলি। আসুন অপরের সংলাপ লেখা বন্ধ করি, তারা কেউ আমার নিয়ন্ত্রণে আবদ্ধ নন। আসুন শুধুমাত্র নিজের সংলাপ রচনা করি। অপরে কি করছে, সেই চিন্তা করে আমরা নিজেদের শক্তি ক্ষয় করে থাকি।

আপনার ভাগ্য অদৃষ্ট অথবা স্বাধীন ইচ্ছা

সু ও: সচেতন বা নিয়ন্ত্রণগ্রাহ্য হওয়ার আগেই, মনের ভেতর চিন্তার বিকাশ ঘটে। ক্রোধের পরবর্তীকালে, তার উপশমের রাস্তা খুঁজে পাই, অথচ ক্রোধের সূত্রপাতকে রোধ করার জন্য উপযুক্ত সচেতনতার প্রয়োজন আছে।
ভ শি: সচেতন হওয়া একটা বড় কথা। আপনি কোনোকিছুকে মাঝপথে রোধ করার ক্ষমতা অর্জন করেছেন। অর্থাৎ, আগে ১০ মিনিটের জন্য আপনার উপর ক্রোধের প্রকোপ থাকলে, তার প্রকোপ এখন মাত্র ১ মিনিটে এসে ঠেকেছে।

সু ও: ভেতরে কিছু একটা মনে করিয়ে দিচ্ছে যে আমার নিয়ন্ত্রণে থাকা প্রয়োজন।
ভ শি: কারণ 'স্বাভাবিক' শব্দের এক ভিন্ন মাত্রা আমরা খুঁজে পেয়েছি। পূর্বে রাগ নিয়ে আমাদের মনে ভ্রান্ত ধারণা ছিল, তখন রাগকে স্বাভাবিক মনে হতো। আমরা ভাবতাম, কোনো কাজ সম্পাদনের জন্য, রাগ একটি প্রয়োজনীয় আবেগ। আমরা প্রায়ই ক্রোধের পক্ষপাতী ছিলাম।

এখন শান্তির মর্মার্থ জানার পরে, এক নতুন বিশ্বাস পদ্ধতি আমাদের মনে কাজ করছে। আমরা বুঝতে পারছি যে শান্তি একমাত্র চিরস্থায়ী ও স্বাভাবিক। আপনি এই সংস্কার সম্বন্ধে অবগত হলেন। ফলস্বরূপ, ক্রোধের সময় আপনি বুঝতে পারলেন যে আপনার স্বাভাবিক সত্তার থেকে আপনি বিচ্যুত হয়েছেন।

সু ও: অপ্রীতিকর বস্তু, কোনো প্রতিক্রিয়া ছাড়া শুনলে মানুষ আমাদের দুর্বল ভাবতে পারে।

ভ শি: কোনটা জরুরী মানুষ কি ভাবে না আমরা কী ভাবছি? এটা একটি গুরুত্বপূর্ণ প্রশ্ন। প্রতিটি মানুষের জন্য এই প্রশ্নের উত্তর ভিন্ন হতে পারে। কারোর জন্য, তার নিজের ভালো-মন্দ তার কাছে গুরুত্বপূর্ণ; আবার অপরের কাছে, অন্যের অভিমতের মূল্যের প্রাধান্য অধিক।

সু ও: আমার ক্ষেত্রে দুটোরই গুরুত্ব আছে। তবে সত্যি বলতে, নিজের ভাবনাকে আমি বেশি প্রাধান্য দিয়ে থাকি।

ভ শি: দুজন সহকর্মীর কথা ভাবুন। একজন উচ্চস্বরে ও কটু কথা বলে, চেষ্টা করছেন যাতে অপরজন আরও জোরে তার সঙ্গে কথা বললেন। একে আমরা শক্তি বলব? একই পরিস্থিতিতে দ্বিতীয়জন শান্ত এবং স্থির হয়ে ভাবলেন, এই মুহূর্তটি তার ভাব প্রকাশের জন্য উপযুক্ত নয়। এইভাবে তিনি বাইরে এবং ভেতরে ধৈর্য বজায় রাখতে পারলেন। আপনি যদি ঘটনাটি দর্শক হিসেবে দেখেন, তাহলে আপনি এই আচরণকে দুর্বল বলবেন?

সবলতা ও দুর্বলতার কথা না ভেবে বিচার করি কোন আচরণটি সঠিক। যদি কোন ব্যক্তি আমাদের সঙ্গে উচ্চস্বরে কথা বললেন, তাহলে তার প্রত্যুত্তরে চিৎকার করা ও শান্ত থাকার মধ্যে, কোনটি করা সহজ হবে?

সু ও: শান্ত থাকা খুবই কঠিন কাজ হবে।

ভ শি: হ্যাঁ। এবং সেখানেই আসল শক্তি নিহিত আছে।

সু ও: কঠিন কাজ করতে গেলে শক্তির প্রয়োজন হয়, তাই না?

ভ শি: কোনো কঠিন কাজ করতে গেলেই শক্তির প্রয়োজন হয়। যেমন একটি চেয়ার তুলতে গেলে শক্তি প্রয়োজন। এই কাজটি না করতে পারলে, সেটা আমার শারীরিক দুর্বলতা হিসেবে অভিহিত হবে। কোনো নাকারাত্মক উর্জার বিরুদ্ধে, ধনাত্মক উর্জার বহিঃপ্রকাশ করা, প্রচন্ড শক্তির পরিচায়ক। উচ্চস্বরে প্রত্যুত্তর দেওয়ায় কোনো শক্তির প্রয়োজন হয় না।

সু ও: স্কুলে সহপাঠীদের দুর্ব্যবহারে উত্তর না দিলে, ব্যাঙ্গের শিকার হতে হয়।

ভ শি: এই জাতীয় উৎপীড়নের সময় আমরা অন্তরে বিচলিত হয়ে থাকি, যদিও বাইরে আমাদের শান্ত দেখায়। অফিসের বস আমার উপরে চিৎকার করলে, তার পদমর্যাদা দেখে আমাকে শান্ত থাকতে হয়। কিন্তু অন্তরে আমি আহত হই। অনেকে বলেন রাগ চেপে রাখার থেকে, তার বহিঃপ্রকাশ বেশি বাঞ্ছনীয়। অথচ এখানে আমরা রাগকে চেপে রাখার কথা বলছি না। বরং, ক্রোধ সৃষ্টিকারী শক্তির সূচনার থেকে বিরত থাকার কথা বলছি। এটাই অন্তরের ক্ষমতা।

সু ও: অফিসের বসের নানা কথা মানুষ শোনে, কিন্তু অন্তরে তারা কষ্ট পায়।

ভ শি: কারণ ইতিমধ্যে তারা অন্তরে, নিঃসাড়ে ক্রোধের সৃষ্টি করে ফেলেছেন। ঘৃণা হোক, যন্ত্রণা হোক, অথবা কটুক্তি; রাগ, কেবলমাত্র রাগই থাকে। যখন আমি নিজের প্রতি যত্ন নেওয়া শুরু করলাম, আমার অন্তরে ও বাহিরে রাগের সৃষ্টি স্তিমিত হতে শুরু করে। তারপর অফিসের বস বা আমার সন্তান যেই হোক, আমার নিয়মের কোনো বিচ্যুতি ঘটে না।

সু ও: এই জাতীয় মানসিক স্থিতি লাভ করা কি করে সম্ভব?

ভ শি: প্রথমে বোঝা যে, রাগ অন্তরমনের শক্তি নয়। এটি একটি দুর্বলতা। রাগ আমার আত্মসংযমকে ধ্বংস করে, এবং সেই অর্থে সর্বোপরি এটি শক্তির পরিচায়ক নয়।

সু ও: রাগ যদি শক্তি না হয়, তাহলে সেটি কি? একে কি হতাশা বা হীনমন্যতা বলা চলে?

ভ শি: রাগ অন্তরমনের অবাধ্যতা। আমি আমার রাগের ন্যায্যতা প্রতিপন্ন করতে সদাই প্রস্তুত থাকি। একজনের প্রতি আমার রাগ মুক্তি পায় অন্যজনের উপর। আমি নিজের রাগের জন্য অন্যকে দোষারোপ করি। যেখানে, আমি নিজের রাগ বসের উপর দেখাতে পারছি না, সেখানে সেই রাগ মুক্তি পায় আমার স্ত্রী বা সন্তানের উপর। রাগ আমার অন্তরে একত্রিত হতে থাকে। ফলস্বরূপ, একদিন এর মুক্তি কারুর না কারুর উপর অবশ্যম্ভাবী হয়ে পড়ে। এই পদ্ধতির সম্বন্ধে জ্ঞান হওয়ার পর, আমি সচেতন হতে শুরু করি। আমার প্রতিটা সৃষ্ট চিন্তার পরবর্তী ফল কী হয়?

সু ও: চিন্তার পরে কার্যের সূত্রপাত হয়।

ভ শি: সেটা আরও পরের পর্যায়ে। চিন্তা সৃষ্টির করার পরবর্তী ঘটনা কী?

সু ও: একটি চিন্তা সৃষ্টির পর, নির্দিষ্ট কিছু আবেগের জন্ম হয়।

ভ শি: হ্যাঁ। চিন্তার পর আবেগের জন্ম হয়। অনেকসময় আমরা নিজেদের চিন্তার সম্বন্ধে সচেতন থাকি না, কিন্তু আবেগ নিয়ে সচেতন হয়ে পড়ি। আমরা বলে থাকি—'আজ আমার কিছু ভালো লাগছে না।' এই অনুভূতির কারণ সম্বন্ধে আমরা সচেতন থাকি না, আমরা বুঝতে পারি আমাদের ভালো লাগছে না। চিন্তা সম্বন্ধে সচেতন থাকলেই অনুভূতিকে নিয়ে সচেতন থাকতে পারব। ধরুন, 'আপনার সঙ্গে দেখা করব', এই চিন্তাটি আমি সৃষ্টি করলাম, এবং ঠিক তার সঙ্গে, আপনার সঙ্গে আমার দেখা হওয়ার পূর্ব-অভিজ্ঞতা বা জনশ্রুতি নিয়ে, আমার মনে একটি অনুভূতির জন্ম হবে। চিন্তার সঙ্গে অনুভূতি, ওতপ্রোতভাবে জড়িত।

এই সমস্ত অনুভূতির সমন্বয়ে, আমার মনোভাবের সৃষ্টি হবে। আমরা প্রায়ই বলে থাকি, মনোভাবের পরিবর্তন আবশ্যক। কিন্তু সর্বাগ্রে আমাদের চিন্তার পরিবর্তন বাঞ্ছনীয়। আমাদের চিন্তার পরিবর্তনের সঙ্গে, স্বয়ংক্রিয়ভাবে মনোভাবেরও পরিবর্তন আসবে।

সু ও: চিন্তাকে কিভাবে পরিবর্তন করা সম্ভব?

ভ শি: নিজেকে নিষ্ক্রিয় করে নিরীক্ষণ করুন, বিকল্প চয়ন করুন এবং বদলান।

সু ও: সচেতনতা ও অধ্যাবসায়ের সঙ্গে। এবং সচেতনতাই নিজের মধ্যে একটি অধ্যাবসায়।

ভ শি: ক্রমে আপনি বুঝবেন আপনার মনোভাবের পরিবর্তন এসেছে।

সু ও: তারপর সেটি স্বয়ংক্রিয় হয়ে যাবে।

ভ শি: স্বয়ংক্রিয় এবং সতত।

সু ও: এর মূলে আছে চিন্তার প্রতি সচেতনতা, তাই না?

ভ শি: এর পূর্বেও আরেকটি অধ্যায় আছে। আমরা সে সম্বন্ধে পরে আলোচনা করব। বর্তমানে এই পর্যায়গুলো নিয়ে বিবেচনা করা যাক চিন্তা, অনুভূতি, মনোভাব, কার্য। যদি আপনার প্রতি আমার মনোভাব সাকারাত্মক হয়, তাহলে আপনার সঙ্গে আমার আচরণ এবং কথাবার্তা একটি বিশেষ দিশা নেবে। অন্যথা নাকারাত্মক বিচারভঙ্গি সবকিছু বদলে দেবে।

সু ও: চলচ্চিত্র নির্দেশকের দ্বারা উচ্চারিত শব্দ যেমন 'action' অথবা 'cut', আমার অভিনয়ের সূচনা এবং পরিসমাপ্তি ঘটায়।

ভ শি: এরকম সারাদিন ধরে চলতে পারে, 'action' এবং তারপরে 'cut'। আপনার পেশাদারি জীবনে ভুল শোধরাবার সুযোগ পেতে পারেন, কিন্তু জীবনের প্রাঙ্গনে সেই উপায় নেই। অভিনয়ের সময় পুনঃ-সুযোগের সাথে, আপনার মনোযোগের বৃদ্ধি হতে থাকে, অথচ জীবনের রঙ্গমঞ্চে, মনোযোগের কোনো স্থান নেই, কারণ এখানে পুনঃ-সুযোগ নেই। আমার সৃষ্ট প্রতিটি চিন্তার প্রভাব, আমার দেহ এবং আশেপাশের সবাইকে প্রভাবিত করে। আমার সৃষ্ট ১০ মিনিট ব্যাপী যন্ত্রণা-আবিষ্ট চিন্তাপ্রবাহ, তার পরের ১১ তম মিনিটের 'আর আমি এই নিয়ে ভাবতে চাই না' দ্বারা পরিবর্তিত হতে পারে না। সেইজন্য নিয়মিত সচেতনতা আবশ্যক। অধ্যাবসায়ের সঙ্গে সঙ্গে, ওই ১০ মিনিটের সময় অবধি যথেষ্ট পরিমাণে হ্রাস পেতে পারে। অবশেষে এমন

একটি মুহূর্তে আসবে যখন আমরা, কোনো রকমের যন্ত্রণা আর সৃষ্টি করব না। এই চিন্তার সূচনার সঙ্গে সঙ্গে বলতে পারব 'চিন্তার পরিবর্তন হোক।'

সু ও: একদিন আসবে, যখন আমরা এই ধরনের চিন্তা আর সৃষ্টি করব না।
ভ শি: হ্যাঁ। কারণ তখন আমি নিজের শুদ্ধ আত্মার স্বরূপ জানতে পারব। আমরা এখন রূপান্তরের পর্যায় দিয়ে এগিয়ে চলেছি। অনেকটা যেন, আমরা ঘুমে আচ্ছন্ন, অথচ জেগে ওঠার চেষ্টা করছি। আমরা জেগে উঠে বলছি 'আরও ৫ মিনিট ঘুমিয়ে থাকা যাক।' আমরা যখন জেগে উঠছি, তখন নিজেকে এক শান্তিপূর্ণ মানুষ হিসেবে আবিষ্কার করছি, আবার ক্রোধের মুহূর্তে পুনরায় ঘুমিয়ে পড়ছি।

সু ও: মানুষ বিশ্বাসের দাস। কাউকে যদি বলি যে, সে একটি শান্তিপূর্ণ সত্তা, সে প্রমাণ চাইবে। প্রত্যেকে জীবনের শান্তি খুঁজে চলেছে, তাই কি এই দ্বন্দ্বের কারণ?
ভ শি: আমরা অন্তরে যা, সেটাই আমরা বাইরে কামনা করে থাকি। আমাদের শরীর পঞ্চতত্ত্বের দ্বারা সৃষ্ট জল, বাতাস, ব্যোম, আগুন এবং মাটি। এদের মধ্যে যখন কোনো বস্তুর অভাব ঘটে, আমরা সেই জিনিসের সন্ধান করি। যেমন আমরা বলে থাকি 'আমার জল চাই', অথবা 'আমার নির্মল বাতাস চাই।' এসবের প্রয়োজন কেন হয়? কারণ আমাদের শরীর এই সমস্ত তত্ত্ব দিয়ে তৈরি, তাই এদের অভাবে আমরা ব্যাকুল হয়ে উঠি। এইসময় অন্য কোনোকিছুই আমাদের প্রয়োজন হয় না।

তেমনি, আমার সত্তা তৈরি হয়েছে ৭টি তত্ত্ব দিয়ে। শুদ্ধতা, শান্তি, শক্তি, প্রেম, জ্ঞান, সত্যতা ও সুখ। এদের মধ্যে কোনো কিছুর অভাবের জন্য আমরা বলি আমার শান্তি চাই, সুখ চাই, প্রেম চাই অথবা ক্ষমতা চাই।

পদ্ধতি ভিন্ন হতে পারে, কিন্তু সবাই একই জিনিস খুঁজে চলেছে। আমি ক্রোধের সাহায্য নিতে পারি, তবে আমার জীবন তাতে সুখকর হবে না। কারণ, ক্রোধ আমার চরিত্রের অঙ্গ নয় এটি একটি অর্জিত সংস্কার বিশেষ, একটি অর্জিত চারিত্রিক বৈশিষ্ট্য।

সু ও: হয়তো এই কারণেই আমরা সাধুসঙ্গ খুঁজি, অথবা মন্দিরে যাই।

ভ শি: হ্যা, আমরা তখন নিজের প্রকৃত সত্তার সান্নিধ্য পাই। যেমন, সূর্যোদয় ও সূর্যাস্ত আমাদের মন কে শান্ত করে, অথচ যানজটে আমাদের বিরক্তি হয়। কেন হয়? কারণ বিশৃঙ্খলা আমাদের চারিত্রিক বৈশিষ্ট্য নয়। একটি জায়গা, মানুষ, পরিস্থিতি, যার দ্বারা আমরা নিজেদের প্রকৃত সত্তাকে উপলব্ধি করতে পারি, আমাদের মনে সুখানুভূতি নিয়ে আসে।

সু ও: তাহলে ওই ৭টি তত্ত্ব দিয়ে আমি তৈরি। একজন মানুষের মধ্যে একই সময়, তাদের সবাইকে একসাথে কি করে পাওয়া সম্ভব?

ভ শি: আমাদের সম্পূর্ণ পদ্ধতিটি জানতে হবে। প্রথমে আমি নিজের চিন্তাকে 'আমার শান্তি চাই' থেকে 'আমি শান্তিপূর্ণ'-তে পরিবর্তিত করছি। আমার চিন্তার সঙ্গে সঙ্গে, অনুভূতি বদলে যাবে, তারপরে বদলাবে আমার মনোভাব এবং কর্ম। এখন আমি সুখের খোঁজ করব না, কারণ আমি জেনেছি আমার মধ্যেই সুখ বিরাজ করে। আমার কর্ম, অন্তরের শান্তির সহযোগে বিকশিত হবে।

আমার কর্ম পুনরাবৃত্ত হয়ে অভ্যাসে পরিণত হবে। আমার অস্তিত্ব, চিন্তার পরিপূরক হয়ে উঠবে। আমরা যদি অন্তরে অসুখী থাকি, তাহলে কোনোরকমের ব্যক্তিত্ব উন্নতিকারী প্রচেষ্টা, যেমন শেখানো হয়ে থাকে যে, এভাবে হাসা উচিত, ওভাবে কথা বলা উচিত ইত্যাদি, কার্যকর হবে না। আমি কি করে হাসতে সক্ষম হব, যদি অন্তরে সুখী না হই? তা সত্ত্বেও যদি হাসি, কি ধরণের উর্জা আমি বিকিরণ করব? ব্যক্তিত্বের সূত্রপাত হয় আমাদের মনের ভেতরে।

অন্তরের গঠন হল চিন্তা-অনুভূতি-মনোভাব-কর্ম-অভ্যেস-ব্যক্তিত্ব। অতঃপর সবচেয়ে প্রয়োজনীয় পদক্ষেপ, এই ব্যক্তিত্বকে বহির্জগতে প্রতিস্থাপন করা। এই ব্যক্তিত্ব এবারে সমাজতন্ত্রের প্রতিনিধি হবে, পরিবারের আঙ্গিক হয়ে উঠবে, কর্মকান্ডে যোগদান করবে; এবং প্রতিপদে এইভাবে আমি নিজের নিয়তি রচনা করে চলেছি।

চিন্তা দিয়ে যার সূত্রপাত, নিয়তিতে তার পরিসমাপ্তি হয়।

সু ও: তাহলে, প্রতিটা চিন্তা, নিয়তি সৃষ্টি করে চলেছে? আর জীবন চিন্তার প্রতিভাস?

ভ শি: আজকের দিনে, নিজেদের নিয়তিকে বদলাতে আমরা কত কিছু না করে চলেছি। আমরা জ্যোতিষের কাছে যাই, tarot card reader, বা সংখ্যাতত্ত্ববিদের উপদেশ নিয়ে থাকি। আমরা আশা করি তারা যেন আমাদের ভাগ্য নিয়ে ভবিষ্যদ্বাণী করেন, আর সেই ভবিষ্যতের কথা আমাদের পছন্দ না হলে,তাদের অনুরোধ করি যাতে আমাদের নিয়তি বদলাবার কোনো নিদান খুঁজে দেন। কিন্তু সত্য কথা হল, কেউ আপনার নিয়তি বদলাতে পারেন না।

সু ও: নিজেদের চিন্তা ভাবনা কিভাবে বদলানো যায় ?

ভ শি: প্রথমেই, এর গুরুত্ব বোঝা প্রয়োজনীয়। পূর্বে আমরা বলতাম, 'আমার সঙ্গে ওরা এইরকম ব্যবহার করেছে, তাই আমি প্রত্যুত্তর দিয়েছি।' কিন্তু এখন আমরা বুঝতে পেরেছি যে, আমাদের চিন্তাই নিয়তির স্রষ্টা। নিয়তিকে নিয়ে আমরা বিভ্রান্ত ছিলাম, ভাবতাম 'সব আমার ভাগ্য, আমার নিয়তির ফল।' কিন্তু আমাদের ভাগ্যের বিধাতা কে? যেহেতু সেটা আমাদের জ্ঞানের বাইরে, আমরা বলতাম ভগবান ভাগ্য রচনা করেন। এর কারণ আমরা দায়িত্ব নিতে ভয় পেতাম, ফলে দোষারোপ করতাম অন্যকে। প্রকৃত সত্য হল, আমি নিজের নিয়তির জনক। যেই উর্জাসমূহ আমি নির্গত করছি, সেটাই কর্ম, এবং সেটাই যখন পরিস্থিতি বা মানুষের মাধ্যমে আমাদের কাছে ফিরে আসছে, সেটাই আমাদের নিয়তি। একজন জ্যোতিষ আমাদের হয়তো বলবেন, কোনো আংটি ধারন করতে। সেটা ধারন করার পর আমরা একটি চিন্তার জন্ম দেব 'এবার আমার জীবন সুখের হয়ে উঠবে।' অর্থাৎ আংটি আমাদের চিন্তার প্রবাহ পরিবর্তনের একটি মাধ্যম হয়ে উঠবে; এবং আমাদের ভাগ্য পরিবর্তন হয়ে যাবে।

সু ও: আংটির উপরে জন্মানো বিশ্বাস কি এর মূল কারণ?

ভ শি: হাঁ। বিশ্বাস ব্যতীত, আংটি ধারনে কোনো ফল হবে না।

সু ও: তাবিজের মধ্যে কোনো মন্ত্র লিখে ধারন করলে মনের ভেতরে বিশ্বাস জন্মায়, আমাদের কোনো ক্ষতি হবে না। আমরা বিশ্বাস করি, কোনো অশুভ শক্তি আমাদের অমঙ্গল করতে পারবে না। দেখা যায়, এর ফলে আমাদের চিন্তার পরিবর্তন হয়েছে।

ভ শি: কতদিন যাবৎ আপনি এই চিন্তার আশ্রয় নিয়ে থাকতে পারবেন? আমরা সচেতন না হলে, এর প্রভাব সামান্য কয়েকদিনের জন্য থাকবে। তারপরে সেই আংটি অথবা তাবিজ, আমাদের শরীরের একটি অংশমাত্র হয়ে রয়ে যাবে।

সু ও: এভাবে আমি ভাবিনি, আমার ধারণা ছিল, বস্তুটি ধারণ করার সঙ্গেই সমস্ত নাকারাত্মক শক্তির বিনাশ হবে, আমি সুখী হব। কিছুদিন পর সব ভুলে গিয়ে, নিজের পুরোনো সত্তায় ফিরে যাব। নিজের মর্মস্থলে আমার কোনো পরিবর্তন আসবে না।

ভ শি: আংটিটি শুধুমাত্র আপনার চিন্তার সাময়িক পরিবর্তন নিয়ে আসবে। যতদিন তার উপরে আপনার বিশ্বাস থাকবে, আপনার ভালো লাগবে। ‘এবারে সব কিছু ভালো হবে, কেউ আমার কোনো ক্ষতি করতে পারবে না’, এরকম চিন্তাই আপনি শুরুর থেকে চেয়েছিলেন। এক মাস পরে, যখন সেই আংটি আপনার দেহের অঙ্গসম হয়ে উঠবে, আপনি পুনরায় ‘ওরা আমার সঙ্গে এরকম কেন করল’ জাতীয় চিন্তার চক্রে আবর্তিত হতে থাকবেন। আংটির উপস্থিতি ভুলবার সাথেই তার ক্ষমতার নাশ হয়ে যাবে।

সু ও: বস্তুর প্রেরণাই কি আমার চিন্তার স্রষ্টা?

ভ শি: না। আমি প্রেরণাকে উদ্বুদ্ধ করছি নিজের চিন্তা সৃষ্টির অভিপ্রায় নিয়ে।

সু ও: আমার চিন্তার সৃষ্টি, একটি অনুপ্রেরণার উপরে ধার্য। একই কাজ আমি, আংটিটি ছাড়া করতে পারব?

ভ শি: আপনি নিজের চিন্তার স্রষ্টা, আংটি নয়।

সু ও: আমরা কি ধ্যান করতে পারি?

ভ শি: নিজেকে সম্পূর্ণ নিষ্ক্রিয় করে, এই চিন্তাগুলোর উপরে মনন করুন।

আমার জীবন ... আমি এর সংলাপের রচয়িতা ... আমি চিন্তার স্রষ্টা ... আমি নিজের নিয়তির স্রষ্টা ... কোনো ঘটনা পরম্পরা যেন নিজ গতিতে না ঘটে, সেই বিষয়ে আমাকে সচেতন থাকতে হবে। আমার জীবনের সমস্ত ঘটনার জন্য, সংলাপ আমি পূর্বেই লিখে রেখেছি ... আমি বর্তমান ও ভবিষ্যতের সংলাপ লিখে রেখেছি ... নিয়ন্ত্রণ ... শক্তিরই, সম্পূর্ণরূপে আমার অধীনে ... নিজেকে জাগ্রত করে অনুধাবন করি যে, আমার নিয়তির সংলাপ আমারি সৃষ্টি ... আমি সর্বশক্তিশালী ... কোনো পরিস্থিতি অথবা মানুষের দ্বারা আমি প্রভাবিত নই ... আমার চিন্তায় নিয়তি রূপগ্রহণ করছে, এই আমার ধ্যানবিন্দু ... ওম শান্তি!

চিরন্তন আনন্দের মন্ত্র

- যদি কেউ প্রতিক্রিয়াশীল হন, সেক্ষেত্রে আমার মানসিক স্থিরতা, শক্তির পরিচায়ক। শান্তি, দুর্বলতার ইঙ্গিতবাহী নয়, শক্তির লক্ষণ।

- ক্রোধ, শক্তির রূপ নয়। এটি আমার নিয়ন্ত্রনহীনতার ইঙ্গিত। আহত হওয়া,অসন্তোষ ইত্যাদিও সুপ্ত ভাবে ক্রোধকে বর্ণনা করে, এবং স্রষ্টাকে অর্থাৎ আমাকে ধ্বংস করে।

- আমার প্রতিটি চিন্তার সাথে অনুভূতির জন্ম হয়। যদি কোনো কিছু আমার ভালো না লাগে, তাহলে আমার উচিত নিজের চিন্তার নিরীক্ষণ করা।

- সময়ের সঙ্গে, পরিস্থিতি, মানুষ, কর্ম বা পৃথিবীর প্রতি আমার মনোভাব পরিবর্তিত ও বিকশিত হয়।

- আমার মনোভাব পরবর্তীকালে কার্যে পরিণত হয়। প্রতিনিয়ত করে চলা কার্য জন্ম দেয় অভ্যাসের। অভ্যাসসমূহ সৃষ্টি করে আমার ব্যক্তিত্বের। প্রতি পদক্ষেপে এই ব্যক্তিত্ব নিশ্চিত করে আমার নিয়তি।

- আমার সত্তার সৃষ্টি হয়েছে ৭ টি গুণের সমষ্টি দিয়ে—শুদ্ধতা, শান্তি, প্রেম, সুখ, জ্ঞান, শক্তি এবং সত্যতা।

অন্তরের থেকে জেগে ওঠা ভালোবাসার অনুভূতি

সু ও: জীবন উত্তাসিত হয় চিন্তার হাত ধরে, এই নিয়ে আমরা আলোচনা করেছি। আমরা আরও আলোচনা করেছি, ভবিষ্যৎবাণী এবং তার সারমর্ম নিয়ে।

ভ শি: সঠিক দিশায় আমাদের এই বিষয়গুলোকে উপলব্ধি করতে হবে। ভবিষ্যৎবাণী, সংখ্যাতত্ত্ব এবং এই জাতীয় যাবতীয় পদ্ধতিগুলো বিজ্ঞান নির্ভর। যারা এই নিয়ে পড়াশোনা করেছেন, তারা এই জ্ঞানকে আয়ত্তে আনতে পেরেছেন। যেমন আমরা ডাক্তারের কাছে গেলে, সে আমাদের রক্তের বিবরণীর থেকে, বিভিন্ন অসুখের ভবিষ্যৎবাণী করতে পারবে। এর সাথেই সে আমাদের জীবনধারণ, উদ্ভব সম্বন্ধীয় সূত্র এবং শারীরিক পরামিতি বিচার করে, রোগ নির্ণয় এবং ভবিষ্যৎবাণী করতে সক্ষম হবে। ধরুন এক্ষেত্রে বহুমূত্র রোগের কথা ধরা যাক। বাড়ি ফিরে আমি দুভাবে চিন্তা করতে পারি, প্রথমত—'আমার বহুমূত্র হবেই, কারণ আমার মা-র আছে, ঠাকুমার

ছিল, আমার জীবনে এত চাপ, জীবনযাত্রা বিশৃঙ্খলায় পূর্ণ; ডাক্তার একই ভবিষ্যৎবাণী করেছেন, আমার এই রোগ হবেই।'

ডাক্তার আমাকে বলেছে, আমার 'হয়তো' এই রোগ হতে পারে, যদি আমি সতর্কতা অবলম্বন না করি। কিন্তু এইরকম নাকারাত্মক ভাবধারণা নিয়ে থাকলে, সম্ভবত রোগ আমাকে আগামী ৬ মাসেই গ্রাস করে নেবে। ডাক্তারের দেওয়া তথ্যের সঙ্গে আমার মানসিক চাপ মিশে এই রোগের জন্ম দেবে। অবশেষে আমি বলব ডাক্তার ঠিক কথাই বলেছিলেন। দ্বিতীয়ত, এই তথ্য শুনে আমি সবার আগে নিজের উপরে নিয়ন্ত্রণ দৃঢ় করব। জীবনযাত্রা পরিবর্তিত করার প্রয়াস করব। প্রতিদিন হাঁটা শুরু করব। ধ্যান, প্রাণায়াম ও যোগ ব্যায়াম-এ মনোসংযোগ করব। খাওয়াদাওয়া, ঘুমের সময় ইত্যাদির প্রতিও সজাগ হতে হবে। তার সঙ্গে নিজের আবেগ এবং জীবনযাত্রার প্রতি যত্ন নিতে হবে। ফলস্বরূপ হয়তো দেখা যাবে আমার বহুমূত্র রোগ হলই না। ডাক্তারের মূল্যায়ন এক্ষেত্রে সঠিক হতে পারল না।

মূল্যায়নের প্রতি আমাদের প্রতিক্রিয়া কি রূপ নিচ্ছে, সেটাই সবকিছু ধার্য করে। আমার বহুমূত্র হতে পারে সেটা বিজ্ঞান দ্বারা নির্ধারিত, কিন্তু আমাদের ভোলা উচিত নয় যে, সেটা শুধু একটি সম্ভাবনা, সত্যতা নয়। আমি এই সম্ভাবনাকে সাবধানবাণী রূপে গ্রহণ করে নিজের জীবনযাত্রা বদলে ফেলি। নিজের উপরে নিয়ন্ত্রণের সাথে মূল্যায়নের বিনাশ হয়ে যায়। অন্যথা, ঘটনা ভিন্নদিকে দিশা পরিবর্তন করে, আমার উত্তেজনা এবং হতাশার হাত ধরে, ঘটনাকে সম্ভাব্য করে তুলবে।

একই বিষয় এক জ্যোতিষীর ক্ষেত্রেও প্রযোজ্য। তিনি আমার শরীর সম্বন্ধে, আকাশের গ্রহ নক্ষত্র গণনা করে, একটি সম্ভাবনার কথা বলেন যে, আগামী ৬ মাসের মধ্যে আমার জীবনে কোনো দুর্ঘটনা ঘটতে পারে। সেই দুর্ঘটনা, আমার শরীর, ব্যবসা, শত্রু যেকোনো বিষয়কে ইঙ্গিত করতে পারে। এটি একটি সম্ভাব্যতা, সত্যতা নয়। আমাদের এই সব মানুষদের এই সম্ভাব্যতা গণনা করার জন্য ধন্যবাদ দিয়ে, নিজের জীবনকে সঠিক ভাবে নিয়ন্ত্রণ করা উচিত।

সু ও: আমরা কি একে কোনো সাবধানবাণী রূপে গ্রহণ করে, যাতে ভবিষ্যৎবাণী সফল না হয়, সেদিকে খেয়াল রাখব?

ভ শি: হ্যাঁ, তবে তখনি প্রযোজ্য, যদি আমরা তথ্যের দ্বারা প্রভাবিত না হয়ে পড়ি। দুঃখের বিষয়, আমরা সাধারণত, ভবিষ্যৎবাণীকে সত্যতা হিসেবে মেনে নিয়ে থাকি। আমরা বলি—'এই ঘটনা ঘটবেই, কারণ এটি একটি বিশেষজ্ঞের অভিমত। এছাড়াও, ওনার ভবিষ্যৎবাণী অনেকের ক্ষেত্রে সফল হয়েছে।' এই চিন্তার সাথে আমরা সম্ভাবনাকে সত্যতায় পরিণত করে ফেলি। আমাদের মন 'আসন্ন'-কে স্বীকার করে নিয়ে, নিয়তিকে ধার্য করে তোলে।

সু ও: হয়তো সেই বিশেষজ্ঞের ভবিষ্যৎবাণী অতীতে কখনো সফল হয়েছিল, তাই আমরা তাকে বিশ্বাস করতে চাই।

ভ শি: ঠিক। এই জ্ঞান বিজ্ঞানপ্রসূত, তাই ভবিষ্যৎবাণীতে কোনো বাধা নেই। এটি সম্ভাব্যতা, কিন্তু মানুষ একেই সত্যতা হিসেবে মেনে নেয়। অতঃপর মন তাকে স্বীকার করে এবং ঘটনা বাস্তবে রূপান্তরিত হয়।

সু ও: ভবিষ্যৎবাণী ভাগ্য নির্ধারণ করে না?

ভ শি: দুটো পদ্ধতি আছে। ধরুন, কেউ ভবিষ্যৎবাণী করল যে আগামী ৬ মাস আমার খারাপ হতে চলেছে, কারণ গ্রহ নক্ষত্রের স্থান ঠিক নেই। তারা আমাকে যা বলবে তাই যদি আমি করি, তাহলেও আমি সফল হব না, কারণ, এটা শুধুমাত্র একই ভবিষ্যৎবাণী। এই গণনা যদি আমি না জানতে পারি, তাহলে তথ্যগুলো আমার অজানা থেকে যাবে। আমি প্রচেষ্টা করব, বাধার সাথে সংঘর্ষ করার, এবং সফল হব, কারণ সাফল্যের জন্য আমি নিজেকে উজ্জীবিত করে তুলেছি। কোনোরকমের বাধার দ্বারা আমি নিরাশ হব না।

দ্বিতীয়ত, গ্রহ নক্ষত্রের প্রভাব নিয়ে আমি ভাবা শুরু করব, এবং ভবিষ্যৎবাণীকেই প্রাধান্য দেব। এই তথ্যগুলো আমার জীবনে গুরুত্বপূর্ণ হয়ে, আমার চিন্তাভাবনাকে এগোতে দেবে না। আমি ব্যবসা শুরু করব কিন্তু আমার ভাবনাগুলো এইরূপ হবে—'কি লাভ, যখন জানি আগামী ৬ মাসে আমি সাফল্যের মুখই দেখব না। যেখানেই যাব, সেখানেই সমস্যা

আসবে।' সামান্যতম বাধা আমার মনকে বোঝাবে, এমন হওয়াই সম্ভাব্য ছিল। এইভাবে, বাধা অতিক্রম করার আমার সমস্ত উদ্যম শেষ হয়ে যাবে।

সু ও: তাহলে এই তথ্যের জ্ঞান থাকাই ভালো।

ভ শি: হয় আপনি ভবিষ্যৎবাণীর জন্য উৎসাহী হবেন না, অথবা নিজের চিন্তাকে এর থেকে উচ্চমার্গে নিয়ে যাওয়ার ক্ষমতা অর্জন করবেন। এটাকে একটি জীবনের আহ্বান হিসেবে গ্রহণ করতে পারেন।

সু ও: আমার চিন্তাগুলো এরকম হওয়া উচিত, 'আমিই শান্তি; আমিই সুখ; আমিই জ্ঞান; আমি সর্বশক্তিমান।'

ভ শি: অবশ্যই। এখন আপনার সামনে বাধা কোথায়? বাধা একটি বহিরাগত বস্তু। যা প্রয়োজনীয়, সেটা একমাত্র অন্তরের স্থিরতা।

সু ও: একটি শিশু দু পায়ে হাঁটতে শেখার আগে অনেকবার ভারসাম্য হারিয়ে পড়ে যায়।

ভ শি: যতবার সে ভারসাম্য হারিয়ে পড়ে, ততবার উঠে হাঁটার প্রচেষ্টা চালিয়ে যায়। ধরুন কেউ ভবিষ্যৎবাণী করল, 'যতই চেষ্টা করুন, আগামী ৬ মাস, আপনার শুধু পতন হবে।' আমি হয়তো নিজেকে বলব, 'তাহলে ৬ মাস পরেই চেষ্টা করব, তার আগে শুরু করে লাভ নেই।' পরিণতি স্বরূপ আমি সঠিকভাবে উদ্যম নিয়ে কাজ শুরুই করতে পারব না। কারণ আমার দ্বারা সঠিক চিন্তার সৃষ্টি সম্ভব হয়নি; তাই ভাগ্যও সঠিক রূপ নিতে পারল না।

ভবিষ্যৎবাণী শুনে, আমরা তাদের জিজ্ঞেস করলাম, এর নিদান কিভাবে সম্ভব হবে, কী করে আগামী ৬ মাসে সফল হতে পারব তখন হয়তো আমাদের বলা হবে, বিশেষ রঙের জামা অথবা আংটি পরিধান করা উচিত ইত্যাদি। এসব করলে কি গ্রহ তার উপস্থিতি বদলে ফেলবে বলে মনে হয়? না, সেটা সম্ভব নয়। তবে, এইসব করে আমরা নিজেদের চিন্তাগুলো পরিবর্তনের চেষ্টা করছি। প্রথমে আমরা জানলাম যে, আগামী ৬ মাস খারাপ

আসতে চলেছে, তারপরে তার নিদান খুঁজে পাইয়ে দেওয়া হল। এবারে আমরা ভাবছি, 'আমি এইসব পরিধান করেছি, এবারে আমার সাফল্য নিশ্চিত।'

সু ও: বলা হয়, সূর্যের রশ্মি আংটির মধ্যে দিয়ে চামড়ায় প্রবেশ করে।
ভ শি: আমার সত্তা সর্বশক্তিমান। আমার মধ্যে স্পন্দন বর্তমান। যত সদ্গুণ মানুষ নিজের মধ্যে ধারণ করবে, যেমন প্রেম, শান্তি, শুদ্ধতা—তেমন উর্জা সে বিকিরণ করবে। মহাপুরুষদের মাথার পেছনে উর্জাবলয়ের ছবি থাকে, যা শুদ্ধতার প্রতীক। আত্মা শুদ্ধ হলে, এই জ্যোতির রং সাদা হবে। বিষাক্ত মানসিক আবেগ, জ্যোতির রং বদলে দেবে লাল, নীল অথবা ধূসরে। বহির্গত কোনো প্রেরণার মাধ্যমে আমরা এই জ্যোতির রং পরিবর্তনের প্রচেষ্টা করি, যার প্রভাব আমাদের মনের উপরে পড়ে। আমরা বাইরের থেকে অন্তরে প্রবেশ করছি। সবচেয়ে সহজ কাজ হবে, যদি আমরা নিজেদের চিন্তা পরিবর্তন করতে পারি। আমাদের জ্যোতি আপনা আপনি পরিবর্তিত হয়ে যাবে, আমার স্পন্দন বদলে যাবে। পরিবর্তন ঘটবে আমার পরিস্থিতির।

সু ও: আসলে এই রং ও পাথরের কাজ আমাদের জ্যোতি পরিবর্তন করার?
ভ শি: হ্যাঁ, তারা কাজ করে, তবে কতদিনে ও কি পরিমানে সেটা বিচার সাপেক্ষ। লাল জামা পরিধান করে জীবনে পরিবর্তন আনার চেষ্টা করার থেকে, শক্তিশালী মানসিক চিন্তার সৃজন করা কি বেশি উচিত নয়? পুরো পদ্ধতি অন্তর থেকে বহিমুখী হয়, অন্তরের চিন্তার পরিবর্তন অথবা সৃজন, বাইরের জগতে উন্নতি নিয়ে আসতে পারে। অন্তর আমার নিয়ন্ত্রণে থাকলে, পরিবর্তন চিরস্থায়ী হবে।

সু ও: বাইরের থেকে পরিবর্তন আনার প্রচেষ্টায়, নিয়ন্ত্রণের মাত্রা হ্রাস পায়। ভবিষ্যৎবাণীও সবসময় ঠিক হয় না।
ভ শি: ওরা সত্যকে আগের থেকে অনুমান করতে পারে না; ভবিষ্যৎবাণী সম্ভাব্যতাকে নিয়ে করা হয়। এই বিষয়টি নিয়ে আমাদের নিশ্চিত থাকা

প্রয়োজনীয়। ওদের কিছু বলার কোনো অধিকার আমাদের নেই। সম্ভাব্যতার একটি বিশেষ পরিমাপ থাকে। ওরা হয়তো বলবেন আপনার আগামী ৬ মাস ভালো কাটবে, কিন্তু আপনি যদি অন্তরে নিরাশ থাকেন, কোনোকিছুই সেক্ষেত্রে সহজ হবে না। ফলে ভবিষ্যৎবাণী বিফলে যাবে।

আমরা দেখেছি, আমাদের মন সমস্ত প্রভাব, বস্তু এবং মানুষের থেকে উর্ধ্বে গমন করতে পারে। আমাদের মন যদি এই কাজে সক্ষম হয়, তাহলে আমরাও গ্রহ নক্ষত্রের, প্রভাবের উর্ধ্বে বিচরণ করতে পারি। বাইরের জগতের প্রভাব নিয়ে আমরা আলোচনা করেছি; গ্রহ নক্ষত্রকেও বাইরের প্রভাব বলা চলে। তাদের প্রভাব আমাদের উপরে থাকে, তবে আমরা চয়ন করতে পারি, তাদের দ্বারা চালিত হব নাকি অথবা এসবের উর্ধ্বে বিচরণ করব। মনের দুর্বল মুহূর্তে, ছোটোখাটো সবকিছুই আমাদের উপরে প্রভাব বিস্তার করতে সক্ষম। এইসময়, আপনার একটা শব্দ, আমাকে আগামী ৬ মাস বিপর্যস্ত করে রাখতে পারে। একই কথা গ্রহ নক্ষত্রের ক্ষেত্রেও প্রযোজ্য। আসল কাজ হল, বহির্জগতের প্রভাব থেকে মুক্ত হয়ে থাকা।

সু ও: নিজেকে বিব্রত করার উপায় আমার হাতেই আছে।

ভ শি: হ্যাঁ। শুনে থাকবেন লোকে বলছে 'আপনার বিবাহিত জীবন সুখের নয় কারণ, আপনার বেডরুমের দিশা সঠিকভাবে নির্ণয় করা হয়নি। যদি আপনি বেডরুমের স্থান পরিবর্তন করতে পারেন তাহলে বৈবাহিক জীবন সুখের হবে।'

প্রত্যেকের বাড়ির দিশা যদি সঠিক থাকে, তাহলে সম্পর্কে কোনো সমস্যা হবে না, এটা কি বিশ্বাসযোগ্য? না। যদি জীবন এভাবেই চলে তাহলে সবাই নিজের বাড়ির দিশা বদলে, অথবা বিশেষ পাথর পরিধান করে সুখে থাকতে পারবে। অনেকেই এই পদ্ধতিতে জীবন কাটান, কিন্তু যন্ত্রণা এবং অসফলতার থেকে মুক্ত থাকতে পারেন না।

সু ও: কিন্তু অনেকের ক্ষেত্রে এভাবে কাজ হয়েছে।

ভ শি: কখনো কখনো হয়েছে। তারা একটি চিন্তার সৃষ্টি করেছেন 'এই কাজ করার পরে আমার সম্পর্কগুলো ভালো হয়ে যাবে', ৬ মাস পর ভুলেও

যাবেন যে ঘরের দিশা পরিবর্তন করেছিলেন। উত্তর, দক্ষিণ, পূর্ব, পশ্চিম, এগুলো উর্জার স্রোত বিশেষ, চৌম্বক ক্ষেত্র। প্রতিটি দিকের একটি চৌম্বক ক্ষেত্র আছে এবং তার বিশেষ প্রভাবও থাকে। কিন্তু সবচেয়ে বড় ক্ষেত্র হল আমাদের এই মন। আমরা যদি নিজেদের সম্পর্ক সঠিকভাবে সম্পাদন করতে পারি, তাহলে ঘরের দিশা পরিবর্তনের কোনো দরকার হবে না। অপরদিকে, একটি সম্পূর্ণ নির্ভুলভাবে নির্মিত বাড়িতেও, সম্পর্কের টানাপোড়েন হওয়া সম্ভব, যদি নিজেদের মধ্যে বনিবনা না থাকে। কত আর বাইরের জগৎকে আমরা বদলাতে থাকব। ধরুন বাড়ি বদলেও নিলাম, তাহলেও কি অপর মানুষটির পরিবর্তন করা সম্ভব? আমি শুধু নিজের চিন্তাভাবনাকে বদলাতে পারি।

সু ও: কিন্তু লোকে উদাহরণ দেয়, কিভাবে দিশা পরিবর্তন করে উর্জার পরিবর্তন করা সম্ভব হয়েছে।

ভ শি: অবশ্যই, এটি বিজ্ঞানসম্মত পদ্ধতি, তাই সন্দেহের কোনো অবকাশ এতে নেই। কিন্তু একটা এমন শক্তি বা বিজ্ঞান আছে যা, অক্ষর, সংখ্যা, গ্রহদের থেকে বেশি শক্তিশালী। এই শক্তি আমার অন্তরের চেতনার।

সু ও: বাইরের উর্জার প্রতি নির্ভরশীল হয়ে থাকলে, আমি ভেতরে দুর্বল হয়ে পড়ব। আমার অন্তরে, প্রভূত শক্তির ভান্ডার আছে।

ভ শি: নিজের মনের উপরে যখন আমার নিয়ন্ত্রণ থাকে না, তখন বাইরের জগৎকে আয়ত্তে আনার চেষ্টা করি। তখন দিশার কথা ভাবি, পাথরের গুণবত্তা নিয়ে চিন্তিত হয়ে পড়ি, কখন ব্যবসা শুরু করলে আমার উপকার হতে পারে, তার বিশ্লেষণ করি, অফিসে কি ধরনের প্রতীক থাকবে তার কথা ভাবি ইত্যাদি। কারণ নিজের চিন্তা ভাবনাকে নিয়ন্ত্রণে রাখার ক্ষমতা আমার নেই।

সু ও: অন্তরে বিশাল শক্তির ভান্ডার থাকা সত্ত্বেও, শান্তি খুঁজি দুর্বল শক্তিপুঞ্জের মাঝে।

ভ শি: আমাদের দুর্বলতার সাথে সাথে, বহির্জগতের প্রতি উন্মুক্ততা বৃদ্ধি

পায়। নিজের উপরে নিয়ন্ত্রণ না থাকলে, শক্তির হ্রাস হতে থাকে। কারণ আমি যত্নশীল থাকতে পারি না। নিজের সন্তানকে সঠিক সময়ে যদি আপনি শৃঙ্খলা ও নিয়মানুবর্তিতা না শেখান, তাহলে একদিন সে নিজের দিশা থেকে বিচ্যুত হয়ে পড়তে পারে।

সু ও: এই বিষয়ে আমাদের কি ধরনের যত্ন নেওয়া উচিত?

ভ শি: মনকে শৃঙ্খলাবদ্ধ করে সচেতন থাকা প্রয়োজন, এবং যত্নশীল হয়ে সঠিক চিন্তার চয়ন করা উচিত।

সু ও: নিজেকে চেনা সবচেয়ে গুরুত্বপূর্ণ। নিজের শক্তি সম্বন্ধে জ্ঞান থাকা অতি প্রয়োজনীয়। যদি নিজে 'শান্তি' রূপে বিরাজ করি, তাহলে তাকে খোঁজার কোনো অর্থ নেই।

ভ শি: হ্যাঁ। শান্তির জন্য আমাকে কিছু 'করতে' হবে না।

সু ও: ক্ষমতার জন্য ভিক্ষে করার কোনো প্রয়োজন নেই। আমি নিজেই ক্ষমতাশালী। আমার কেন এর প্রয়োজন হবে?

ভ শি: বহির্জগৎ থেকে আমাদের অন্তত প্রয়োজন নেই। যা কিছু বাইরের, তার প্রয়োজন শুধু আমাদের শারীরিক স্বাচ্ছন্দ্যের জন্য—আনন্দের জন্য, উত্তেজনা অথবা বিনোদনের জন্য। শান্তি অথবা সুখের জন্য নয়।

সু ও: আমার খারাপ লাগত, যখন পরিবারকে খুশি করার জন্য, তাদের ছুটিতে নিয়ে যেতাম অথচ দেখতাম, আমার সন্তান মনে আনন্দ পায়নি।

ভ শি: সুখী মনে ছুটি কাটাতে যান। সুখের খোঁজে ছুটি কাটাতে যাবেন না। সুখের জন্য আমি ছুটি কাটাতে যাচ্ছি না, আমি যাচ্ছি মজা করতে, নিজের নিত্যকার্যসূচিকে পরিবর্তনের অভিপ্রায় নিয়ে।

ছুটি কাটান, সুখের অনুগমনের অপেক্ষা না রাখে। এর দ্বারা আমরা অন্তরের সুখকে, প্রকাশ করার প্রচেষ্টা করি। এই সময় আমরা গ্রহণের থেকে দানকে প্রাধান্য দিয়ে থাকি, নতুন মানুষের সঙ্গে আলাপ করার চেষ্টা করি, সবাইকে সঙ্গে নিয়ে নিজেদের অন্তরের সুখের বিকিরণের

প্রচেষ্টা করি। তারা আমাদের সুখী করবে, এমন অভিপ্রায় করা একটি ভ্রান্ত ধারণা।

নিজের সুখের স্বরূপ অপরের সাথে মেলামেশার পর প্রাঞ্জল হয়ে ওঠে। একা বসে থেকে, নিজের গুণবত্তার অনুভব করা সম্ভব নয়, আর সেইজন্যেই সম্পর্কের প্রয়োজন হয়। মানুষের সঙ্গে আলোচনা এবং সম্পর্কের সাথে সাথে, নিজের অন্তরের শক্তির বহিঃপ্রকাশ এবং অনুভূতি ঘটে। যখন আমি আপনার প্রতি বিরূপ হই, তখন নিজের ক্রোধের আস্বাদ পাই। আপনাকে শান্তি দিয়ে, আমি নিজেও তার অনুভূতি লাভ করি। তাই আমি কর্মক্ষেত্রে যেতে চাই, পরিবার এবং বন্ধুদের সঙ্গে দেখা করি —কিছু পাওয়ার আশায় নয়, প্রকাশ এবং অনুভবের সঙ্গে, বিতরণের অভিপ্রায়ে।

সু ও: যখন আমাদের সদ্গুণ সতত প্রবাহমান হয়ে ওঠে, তখন অপূর্ব এক অনুভূতির সঞ্চার হয়।

ভ শি: আমরা নিজেদের 'মনুষ্য জাতি' বলি, কিন্তু আজকাল আমরা আসলে 'মনুষ্য কর্মী'-তে পরিণত হয়েছি। আমরা কত কিছু করছি। আসুন বরং আমরা সেই মানুষটি হওয়ার চেষ্টা করি, যার জন্য আমাদের জন্ম হয়েছে। আধ্যাত্মবাদ বলে 'সুখী হয়ে কাজ কর, কারণ তুমি মানুষ, কার্যই তোমার কর্ম।'

সু ও: মনুষ্যজাতি, কার্যই তার কর্মের পরিচায়ক। আসুন ধ্যান করি।

ভ শি: নিজেকে নিষ্ক্রিয় করে মনন করুন।

এই শরীর আমার পরিধেয় বস্ত্র ... এ শুধু যন্ত্র বিশেষ ... আমি এই যন্ত্রের নিয়ন্ত্রক এবং চালক ... চেতনা ... উর্জা ... আধ্যাত্মিক অস্তিত্ব ... আমার আদি সংস্কার হল শুদ্ধতা, শান্তি এবং সুখ ... আমি নিজেকে নিরীক্ষণ করি ... চেতনা আমার কপালের কেন্দ্রবিন্দুতে অবস্থিত ... সেখানে চালক বসে এই যন্ত্রের পরিচালনা করে ... ভূমিকায় অবতীর্ণ হয় ... সম্পর্কের এবং দায়বদ্ধতার ... আমি মানুষ, কাজের মধ্যেই নিজের কর্মের সন্ধান করি ... কিন্তু .... আমার কার্যের সাথে, নিজেকে প্রকাশ

করি ... নিজেকে আমি খুঁজে পাই কর্মস্থলে যাওয়ার পথে ... অফিসে, সহকর্মীদের সঙ্গে ... বাড়িতে নিজের পরিবার ও বন্ধুদের সাথে ... সচেতনতার সাথে ... আমি এক শুদ্ধচিত্ত, সর্বদা কর্মরত ... মানুষের সঙ্গে পরিচয়ে উন্মুখ ... এভাবেই নিজের আদি সংস্কার, অর্থাৎ শান্তি ও সুখের অনুভব এবং প্রকাশ করে থাকি ... আমাকে দেখতে দাও, দিনটি কেমন কাটবে, ওম শান্তি!

চিরন্তন আনন্দের মন্ত্র

- ভবিষ্যৎদ্রষ্টা আমাদের সম্ভাব্যতার কথা বলে, বাস্তবিকতার নয়।

- আমাদের ক্ষমতা আছে, যার দ্বারা, ভবিষ্যতের সম্ভাব্যতার কথা শুনে নিজেদের প্রতিক্রিয়ার চয়ন করতে পারি—অতঃপর, আমাদের চিন্তা এবং কার্য—এবং একটি বাস্তবিকতার জন্ম দেওয়া, যা আমাদের নির্বাচন করা।

- আমরা বিশ্বাস করি, বাইরের জগতের কার্যের সঙ্গে, অন্তরের অনুভূতির পরিবর্তন হয়। বাস্তবিকতা হল, অন্তরের পরিবর্তনের সঙ্গে বহির্জগতকে বদলানো সম্ভব।

- অপর ব্যক্তি সুখ প্রদান করতে পারে না। সুখের সৃষ্টি হয় আমাদের অন্তরে, যা অন্য ব্যক্তিদের মধ্যে বিতরণ করা যায়।

- আমরা 'মনুষ্য কর্মী' নই, যারা কাজ করে যায় সুখের অভিলাষে। আমরা 'মনুষ্য জাতি।' সর্বাগ্রে আমাদের শান্তির প্রয়োজন, তারপরে আসে কার্যের ভূমিকা।

আপনি কি আবেগের দ্বারা ভারগ্রস্ত?

সু ও: আমি পড়েছিলাম, 'কোনটা আগে এসেছে শান্তি না সুখ? আপনি কি অসুখী হয়ে শান্ত থাকতে পারবেন? সুখ কি আপনি বহিির্জগতে খুঁজবেন, নাকি অন্তরে? সকলের জন্য হিতকর কার্যে নিজেকে নিয়োগ করে অশান্ত মনকে শান্ত করতে পারবেন, এটাই একমাত্র উপায়।' এই উক্তির সারমর্ম বোঝার জন্য আপনার সাহায্য প্রার্থনা করছি।

ভ শি: উক্তির বক্তব্য হল আপনার মনে শান্তি আসলেই, আপনি সুখী হতে পারবেন, সেটা অবশ্য আপনার সুখের পরিভাষার উপরে নির্ভর করবে; বাইরে অথবা অন্তরে যেখানেই আপনি তার খোঁজ পান না কেন। এখানে আমরা একদণ্ড স্থির হয়ে ভাবি, বাইরের সুখ বলতে কি বোঝানো হয়েছে। এটিকে বহির্জগতের সুখ না বলে, বাইরের প্রেরণা বলা উচিত, যার সাহায্যে আমি নিজের মনে সুখের সৃষ্টি করতে সক্ষম হয়েছি।

সু ও: 'আমি সুখের সৃষ্টিকর্তা।' সৃষ্টির উপরে জোর দেওয়া হয়েছে। আপনি কখনো বললেন না, 'এরজন্য আমার মনে সুখের সঞ্চার হয়েছে।'

ভ শি: জীবনের প্রতি মুহূর্তে, যখন আপনি খুশি হয়েছেন, যখন আপনি আঘাত পেয়েছেন, দুঃখ পেয়েছেন, একদণ্ড স্থির হয়ে নিজেকে জিজ্ঞেস করুন, কে এই অনুভূতির স্রষ্টা। যাবতীয় পরিস্থিতি অথবা প্রেরণা নিরপেক্ষ হয়ে বলা যায়, এই সব আবেগের সৃষ্টিকর্তা কেবলমাত্র আমি। অপর ব্যক্তি বা পরিস্থিতিকে দোষারোপ করার কোনো ভিত্তি নেই। একেই আমরা জাগরণ বলে আখ্যা দেব। এবারে আমাদের কাজ হল, যা আমরা সৃষ্টি করেছি, সেইসব চিন্তাগুলোকে কিভাবে পরিবর্তন করা সম্ভব, তার প্রচেষ্টা করা।

এই জ্ঞান ছাড়া আমরা শক্তিহীন হয়ে পড়ব, কারণ আমাদের ধারণা তৈরি হয়ে যাবে যে অন্য ব্যক্তি আমাদের সুখ ও দুঃখের জন্য দায়ী। আমরা অপেক্ষা করব, যাতে তারা ভালো ব্যবহার করেন এবং প্রতিনিয়ত ভালো ব্যবহার করে চলেন। পরিবর্তে যদি আগামীকাল উনি অভদ্র আচরণ করেন, তাহলে? আমরা সেক্ষেত্রে খুশি হতে পারব না। এই ধরনের নির্ভরশীলতার থেকে ভয়ের জন্ম হয়। যখন আমরা অনুধাবন করব যে, সব কিছুর মূলে রয়েছে আমাদের মন, তখন কোনো অনিশ্চয়তা, ভবিষ্যতের ভয় ইত্যাদি আমাদের আক্রান্ত করতে পারবে না। পরিস্থিতি এবং মানুষ, ভালো বা মন্দ হতে পারে। আমাকে শুধু নিজের প্রতি সচেতন হয়ে চলতে হবে, দেখবেন খুব সহজ হয়ে গেছে সবকিছু।

আপনি মনের অস্থিরতার কথা বললেন, তাকে নিয়ন্ত্রণের একমাত্র উপায় হল কোনো সৃজনমূলক কাজে নিজেকে নিয়োগ করায়। অস্থির মনে, ভালো চিন্তার সৃষ্টি হয় না। শান্তিপূর্ণ অবস্থায়, মন সাবধানতায় এবং ধীর গতিতে কাজ করে। যখন আমরা উদ্বিগ্ন, তখন চিন্তা ত্বরান্বিত হয়। আমাদের স্থিতিশীল অবস্থায়, তার গতি হ্রাস হয়। ভয়ের মুহূর্তে মন গতিশীল হয়ে ওঠে। সুতরাং, মনের ত্বরান্বিত ও সঙ্গতিহীন অবস্থায় উর্জার গুণগত মান ঠিক থাকে না। এবারে আমরা চাইব এই মনকে দিয়ে ভালো কাজ করাতে। দয়াশীলতাকে সঠিক অর্থে একটি কাজ বলা উচিত নয়, বরং বলা চলে, এর জন্ম সেই উর্জার অন্তরে, যার দ্বারা কার্য সম্পাদন হয়ে চলেছে। এই পরিস্থিতিতে, আপনাকে যদি বলা হয় কোনো দয়াশীল কাজ করার জন্য, যার সাহায্যে আপনার মন নিয়ন্ত্রিত হয়ে উঠবে, ভুলবেন না, সেই মন তখন পূর্ণ মাত্রায় বিশৃঙ্খলতার দ্বারা আক্রান্ত হয়ে আছে। আমরা মানসিক চাপের সৃষ্টি করে,

'বহির্জগতের কোনো কাজ করার প্রয়াস করছি, যার দ্বারা আপনার ধারণা প্রসূত হয় যে আপনি অন্তরে শান্তি পাবেন।'

সু ও: বিক্ষিপ্ত বা খারাপ মেজাজে, মনকে সংগীত বা নৃত্য, শান্তি দিয়ে থাকে। মনের উত্তেজিত ভাব স্তিমিত হয়ে আসে। তাহলে 'বাহির থেকে অন্তরে' পদ্ধতিটি, কিছুটা হলেও কাজ করছে।

ভ সি: কিছুটা এবং কখনো সখনো। লোকে বলে, আমরা রেগে গেলে ১০ অবধি গুনি। কিন্তু প্রায়শই, রাগের ঝোঁকে প্রতিক্রিয়া দেখানোর আগের উপলব্ধির থেকে ব্যাহত থাকি। যদি আমাদের সেই সচেতনতা জাগ্রত হয় যে, এখন আমি ক্রোধের দ্বারা আক্রান্ত, আমাকে স্থির হতে হবে, জল খাওয়া প্রয়োজন, অথবা সংখ্যা গোনা দরকার—আমরা সেক্ষেত্রে প্রতিক্রিয়া দেখানোর থেকে বিরত থাকার জন্য যথেষ্ট পরিমাণ অবগত থাকব।

সু ও: আমরা তাহলে আবার সচেতনতার কথায় ফিরে এলাম।

ভ শি: হ্যাঁ। বিরতি নেওয়া, মনকে সংযত করা ইত্যাদিকে ছোটখাট পরামর্শ হিসেবে ধরা যেতে পারে। যেমন আপনি বললেন, নৃত্যের ফলে আপনার মন শান্ত হয়ে ওঠে। অর্থাৎ নিজের মনকে একটু বিরতি দিয়েছেন। যদি আমি কোনো কারণে মানসিকভাবে বিপর্যস্ত হয়ে পড়ি, সেক্ষেত্রে, আপনার সামনা-সামনি না হয়ে একটু বিরতির অবকাশ রাখলাম। এই বিরতির প্রয়োজন কী? এটা নিশ্চিত করা, যাতে এই মুহূর্তে আপনার সঙ্গে আমার সম্মুখীন না হতে হয়। আমি নিজের বাইরের প্রতিক্রিয়াকে স্থগিত করে দিলাম। ভেতরের প্রতিক্রিয়া একই থেকে গেল। নিজের অন্তরের সমস্যার সঙ্গে যুঝে নিয়ে, পরবর্তীকালে ঠিক করলাম কিভাবে উত্তর দেব। উত্তর এবং প্রতিক্রিয়ার মধ্যে একটা পার্থক্য আছে। প্রতিক্রিয়া স্বতঃস্ফূর্ত হয়, অপরদিকে উত্তর ভেবে চিন্তে দেওয়া যায়। সেই কারণেই আমরা বিরতির কথা ভাবি। কিন্তু বেশিরভাগ সময়, দ্রুত প্রতিক্রিয়ার জন্য, বিরতির সময়াবধি নষ্ট হয়ে যায়।

সু ও: যখন ব্যবসা করতাম, তখন অফিস বন্ধ হওয়ার পরেও রাগের ঝোঁকে রাত্রিবেলা অনেক চিঠিপত্র লিখতাম। সেইসব চিঠিপত্র পরদিন পোস্ট করার কথা ভাবতাম, কিন্তু প্রকৃতঅর্থে করতাম না।

ভ শি: অস্থির মনের প্রকোপে পড়ে কোনো কাজ না করাই ভালো, বরং সেইসময় কাজ স্থগিত রাখা বাঞ্ছনীয়। শান্ত হলে, মনে সঠিক উত্তরের জন্ম হয়। সেটাই আমাদের প্রধান উদ্দেশ্য। আমরা কখনোই মনকে কাজ করার থেকে অব্যাহতি দিতে চাই না।

সু ও: পুনরায় সচেতনতার দিকে আমরা নির্দেশ করছি।

ভ শি: হ্যাঁ। আপনি সচেতন থাকলে, ত্বরান্বিত হওয়ায় কোনো অসুবিধা নেই। ধরুন একটি শিশু ঘরে খেলা করছে, যদি তার মা, বাবা তার দিকে নজর না দেন, তাহলে সে যা ইচ্ছে তাই করবে। যেমন জিনিসপত্র ভেঙে ফেলা, বা ছুঁড়ে ফেলে দেওয়া। অপরদিকে যদি তার অভিভাবকগণ কোনো বাধা না দিয়ে দূর থেকে তাকে নিরীক্ষণ করেন, তাহলে সে সচেতন হয়ে, দুষ্টুমি করার থেকে বিরত থাকবে।

সু ও: আমাদেরও শিশুর মতো এই অন্তর্মনকে সর্বদা নিরীক্ষণে রাখতে হবে।

ভ শি: সেটাই আমাদের জীবনের যাত্রা। এবং এই কাজ একদিনে সম্পন্ন হওয়ার নয়। আপনি চেষ্টা করে দেখেছেন?

সু ও: হ্যাঁ দেখেছি।

ভ শি: আমরা এই কাজ করতে পারি, এটাই তার প্রমাণ।

সু ও: কিন্তু আমার মনে হয়, আমার মন এই ধরনের পর্যবেক্ষণ পছন্দ করে না।

ভ শি: একটি শিশু, শৃঙ্খলাবদ্ধ হওয়া পছন্দ করে না। হঠাৎ যদি তাকে বলি যে, আমাকে মেনে চলতে হবে, তার সেটা পছন্দ নাও হতে পারে। কিন্তু

ধীরে ধীরে মন এই পদ্ধতির দ্বারা অভ্যস্ত হয়ে পড়ে। কারণ এর ফলে সে তার অস্থির আচরণ থেকে স্থির হওয়ার সুযোগ পেয়ে যায়।

সু ও: গাড়ির ইঞ্জিন বন্ধ করার মতন একেও কি বন্ধ করা সম্ভব?

ভ শি: যাকে আমরা রাত্রে ঘুমের মধ্যেও বন্ধ করতে পারি না, তাকে সকালে বন্ধ করার কথা ভাবা যায় না। আমাদের মন কিভাবে কাজ করে, সেটা জানা প্রয়োজন। কিসের দ্বারা আমাদের মন প্রভাবিত হয়, সেটাও জানা গুরুত্বপূর্ণ। আমরা ইতিবাচক চিন্তার কথা জানি, অথচ নেতিবাচক এবং অপ্রয়োজনীয় চিন্তারা মনের মধ্যে আসতেই থাকে। চিন্তার গুণগত মান কিসের দ্বারা প্রভাবিত হয়? আমাদের রচিত চিন্তাগুলো, ৩টি বিষয় দ্বারা প্রভাবিত হয়।

প্রথমটি হলো পূর্ব অনুভব। আপনার সঙ্গে কখনো আমার কোনোভাবে পরিচয় হয়ে থাকলে, সেটিকে এই পর্যায়ে ফেলা যায়। যতবার আপনার কথা ভাবব ততবার আমার চিন্তা, আপনাকে নিয়ে অতীতের অনুভবের হাত ধরে চলবে। যদি সেই অনুভূতি সুখের হয়, তাহলে আমার মন ভালো চিন্তার জন্ম দেবে। দ্বিতীয় হল সূচনা। আমার জ্ঞানেন্দ্রিয় দিয়ে যা কিছু আহরণ করি পড়াশোনা, খাওয়াদাওয়া, দেখাশোনার মাধ্যমে, সেই সমস্ত সূচনা আমার মনের ভেতরে রক্ষিত হয়ে থাকে। রাত্রে ঘুমের পরে, মন সকালে ঝরঝরে হয়ে যায়। তাজা মনে, পারিপার্শ্বিক ঘটনা ও সূচনা আত্মগত করা সহজ হয়ে পড়ে। সকালে উঠে সাধারণত আমরা খবরের কাগজ পড়ি অথবা সংবাদ চ্যানেলগুলো দেখি। অর্থাৎ আমরা সন্ত্রাস, হিংস্রতা, প্রাকৃতিক বিপর্যয়, অর্থনৈতিক সমস্যা ইত্যাদির মতন খবরগুলো, পড়া, দেখা এবং শোনার মাধ্যমে নিজেদের মনের ভেতরে সঞ্চয় করতে থাকি। সকালের শুদ্ধ মন, এই সব বিশৃঙ্খলতাপূর্ণ সূচনা নিজের মধ্যে শুষে নিতে থাকে। সূচনা যদি খাদ্য হয় তাহলে চিন্তা হল তার দ্বারা সৃষ্ট উর্জা। আমি সুখাদ্য খেলে সুস্থ থাকব। যদি মনকে সঠিক খাদ্য না দিতে পারি তাহলে তার আবেগের সুরক্ষাকবচ দুর্বল হয়ে যাবে, এটা সুনিশ্চিত।

সু ও: আমাদের পারিপার্শ্বিক জগৎ এবং সংবাদের বিভিন্ন মাধ্যমের থেকে যা কিছু আহরণ করছি, সেইসব আমাদের চিন্তার গুণবত্তা নির্ধারণ করছে, তাই না?

ভ শি: নেতিবাচক তথ্য, নেতিবাচক চিন্তার জন্ম দেবে। আমাদের চিন্তা এই খাদ্যের উপরে নির্ভর করে ভবিষ্যতের নিয়তি নির্মাণ করবে। তাই আমার চিন্তার গুণবত্তা এই খাদ্যের উপরে সম্পূর্ণরূপে ন্যস্ত। সকাল শুরু হওয়ার পরের ২ ঘন্টা সময়ে, মনকে আত্মভূত করবার ক্ষমতা চরমে থাকে। এই সময় যদি আমরা নেতিবাচক তথ্য পড়তে, শুনতে অথবা দেখতে শুরু করি, সেইসঙ্গে আমরা ইতিবাচক চিন্তার প্রতি অনুরক্ত, তাহলে, সেটা আবার কি করে সম্ভব?

এছাড়াও, সন্তান যদি বাড়ি ফিরতে দেরি করে, এবং তার ফোন কাজ না করে; তাহলে অভিভাবকরা উদ্বিগ্ন হয়ে মনে নেতিবাচক চিন্তার জন্ম দেন। প্রকৃত ঘটনা অনুধাবন না করে এরকম চিন্তার জন্ম দেওয়ার প্রয়োজন আছে কি?

সু ও: মহাবিশ্বে আমরা কোন ধরনের উর্জা প্রেরণ করে চলেছি?

ভ শি: হ্যাঁ। ধরুন অভিভাবকরা ৩০ মিনিট অপেক্ষা করেও সন্তানের কোনো খবর পেলেন না। এরকম পরিস্থিতিতে, চিন্তার ধরন কি রকম হতে পারে? তারা বলবেন —'এই সময় মনে দুশ্চিন্তা আসবে না? আমরা কি করে বিশ্বাস করব যে সবকিছু ঠিক আছে?'

সু ও: ছেলেটি হয়তো তার বন্ধুর বাড়ি, অথবা কোনো সিনেমা দেখতে গিয়েছে, এরকম কোনো চিন্তা তখন আমরা করি না। হয়তো কোনো কারণে সে তার অভিভাবকদের সঙ্গে যোগাযোগ করতে পারছে না।

ভ শি: এরকম আমরা কতবার ভাবতে পারি যে, কারোর সঙ্গে ভালো কিছু ঘটার ফলে তার আসতে বিলম্ব হচ্ছে? নেতিবাচক চিন্তা আসার কারণ, আমরা নিজেদের মধ্যে এইধরনের তথ্য ভরে রেখেছি। কেবলমাত্র সকালের পত্রিকা অথবা সংবাদ শোনা বা দেখার থেকে বিরত থেকে আমরা জীবনে

বড় পরিবর্তন নিয়ে আসতে পারি। সকালে উঠে বিষাক্ত খাদ্য গ্রহণ করবেন না। দেখবেন, জীবনে দেখার মতন পরিবর্তন এসেছে।

সু ও: তখন আমরা পরিস্থিতিকে দোষারোপ না করে নিজেদের দিকে নির্দেশ করব।

ভ শি: তথ্য আমাদের ভেতরে যথেষ্ট পরিমাণ বর্তমান, এবং পরিস্থিতি ঘটনার সূচকের কাজ করে। ঘটনার সূত্রপাতের সাথে তথ্যের গুণবত্তা, চিন্তার গুণমানকে প্রভাবিত করবে।

সু ও: সন্তানের ঘরে ফেরার পর অভিভাবকরা তাদের উদ্বেগ ও রাগ, তার উপরে বর্ষণ করে থাকেন।

ভ শি: কারণ বিগত এক ঘন্টা ধরে তাঁরা মনের মধ্যে কু-চিন্তা করে চলেছিলেন। সন্তানের ফেরার পর তাঁরা মনে করেন, এসবের জন্য সেই দায়ী। এতক্ষণের সৃষ্ট বিষাক্ত উর্জা, স্পন্দনরূপে সন্তানের এবং তার আশেপাশে যারাই আছেন, তাদের দিকে প্রবাহিত হয়। এরপর তাঁরা বলবেন, এটাই তো স্বাভাবিক। না, এটা স্বাভাবিক নয়।

স্বাভাবিক হল, সন্তান ঘরে ফিরতে দেরি করেছে, এবং অভিভাবকগণ তার সঙ্গে যোগাযোগ স্থাপন করে উঠতে পারেননি। এই পরিস্থিতি তাদের নিয়ন্ত্রণে নেই। আসুন অবিলম্বে আমরা বিচার করি, কি আমাদের নিয়ন্ত্রণে আছে, এবং কোন জিনিসটি নেই। যদি পরিস্থিতি নিয়ন্ত্রণে থাকে, তাহলে তার দায়িত্ব নিন। অন্যথা, আমাদের কাছে মাত্র একটাই বিকল্প থেকে যায়—নিজের চিন্তার গুণবত্তা নিয়ন্ত্রণ করুন।

সু ও: ইতিবাচক চিন্তার পরিবর্তে, নেতিবাচক চিন্তা কেন সহজে তৈরি হয়?

ভ শি: সঠিক সূচনা আমাদের মনকে প্রভাবিত করে। তথ্য-সমূহের গুণবত্তার পরিবর্তনের সাথে আমার চিন্তারও পরিবর্তন হয়, আমার প্রতিক্রিয়া বদলে যায়, ফলস্বরূপ নিয়তির পরিবর্তন ঘটে। আমার কাছে একটি বিকল্প আছে। সকালে যখন সংবাদপত্র আমার কাছে আসে, তখন তাকে পাঠ করার সময় আমি নির্ধারণ করতে পারি। আসুন সকালে সংবাদপত্র বা টেলিভিশনের

খবর না দেখে, শুদ্ধ এবং শক্তিশালী কিছু নিজের মনকে প্রদান করি। এই খাদ্য-পরিবর্তনের জন্য, মনে প্রভূত ইতিবাচক পরিবর্তন লক্ষণীয় হবে। ঠিক এরকম আর একটি ইতিবাচক পদক্ষেপ, ঘুমোতে যাওয়ার আগে আমাদের নিতে হবে। আজকাল শুতে যাওয়ার আগে, আমরা অন্তরে কোন ধরনের জিনিস আহরণ করছি? টেলিভিশন সিরিয়াল অথবা ভয়ের সিনেমা। সকালে একধরনের তথ্যের স্তর দিয়ে দিন শুরু করছি, আর শেষ করছি আর একধরনের নেতিবাচক তথ্যের স্তরের সাথে। রাত্রের চিন্তা ভাবনার গুণবত্তা, তথ্যের শেষ স্তর দ্বারা পরিচালিত হয়।

দিনের শেষে, সমস্ত কার্য সম্পাদনের পর, ১০ মিনিটে কিছু শুদ্ধ ও শক্তিশালী পড়ার চেষ্টা করুন। সঠিক তথ্য যা ইতিবাচক চিন্তার সূত্রপাত ঘটাবে, সর্বপ্রথম নিজের মধ্যে আহরণ করা উচিত। শুধু বসে থেকে ইতিবাচক চিন্তা সৃষ্টির চেষ্টা করলে কোনো ফল হবে না।

তথ্যের শেষ স্তরটাকেও আমাদের পরিবর্তিত করতে হবে। পঠনের পর, নিজেদের শিথিল করে, পাঠের বিষয় নিয়ে ভাবতে হবে। সারাদিনের সমস্ত ঘটনাবলী চোখের সামনে তুলে ধরতে হবে। এটা খুবই গুরুত্বপূর্ণ। অমীমাংসিত সমস্যা নিয়ে শুতে যাওয়া উচিত নয়। এমন পরিস্থিতি ঘটেছে, যখন আমরা সঠিকভাবে উত্তর দিতে পারিনি। এর অর্থ এই নয় যে, সারাদিনের সবকিছু আমাদের মনে করতে হবে। নিজেকে অনুধাবন করতে হবে এই নিয়ে যে, সারাদিনে কি ভাবে আমরা উত্তর দিয়েছি এবং কিভাবে উত্তর দেওয়া সম্ভব হতে পারত।

সু ও: শয়নের আগে আমরা কোনো ধ্যান করতে পারি?
ভ শি: নিজেকে সম্পূর্ণরূপে শিথিল করে মনন করুন

আসুন, সম্পূর্ণরূপে নিজেকে শিথিল করে ফেলি ... শয়নের ঠিক পূর্বে ... আসুন ফেলে আসা দিনের দিকে ফিরে তাকাই ... সে যেন একটা গোটা সিনেমা, দৃশ্যের পর দৃশ্য ঘটে চলেছে ... অভিনেতারা, তাদের সংলাপের সঙ্গে অভিনয় করে চলেছে ... আমি নিজেকে পরিস্থিতির জালে জড়িয়ে ফেলব

না ... আমি নিজেকে দেখবো কোনো এক ভূমিকায় .....সম্পূর্ণ নিরপেক্ষ হয়ে ... নিজের কর্মক্ষমতার প্রতি সজাগ হব ... আমি অন্য অভিনেতাদের দেখব ... বিচার করব না, অভিমত দেব না ... আমি নিজের দিকে তাকিয়ে আছি .....আমার প্রতিক্রিয়া এবং আমার সংলাপের দিকে .....প্রতিটি দৃশ্যে ..... উদাসীন হয়ে আমি নিজেকে প্রশ্ন করব ... এমন কোনো দৃশ্য কি আছে, যেখানে আমি ভিন্ন ভাবে অভিনয় করতে পারতাম ...? নিজের সংলাপ কি অন্যভাবে লিখতে পারতাম ...? এমন বিকল্প কি আমার ছিল ...? মনের প্রেক্ষাপটে, আবার দৃশ্যগুলি দেখি ... একই দৃশ্য কিন্তু ভিন্ন 'আমি' ... ভিন্ন সংলাপে ... আমি আগামীকালের জন্য নিজের মনকে আরও সশক্ত এবং ধনাত্মক প্রতিক্রিয়ার অভিপ্রায়ে, তৈরি করছি ... ওম শান্তি!

চিরন্তন আনন্দের মন্ত্র

- লোকেরা বলেন ক্রোধ সংবরণ করতে তারা ১ থেকে ১০ অবধি গোনেন। এইসব আমাদের প্রতিক্রিয়া স্থগিত রাখবার অভিপ্রায়ে সৃষ্ট বহিরাগত পদ্ধতি মাত্র। আমরা নিজেদের চিন্তার যত্ন নেব এবং ক্রোধ সৃষ্টিকারী চিন্তার থেকে বিরত থাকব।

- আমাদের চিন্তার জন্ম হয়, পূর্বের অনুভব ও জ্ঞানেন্দ্রীয়ের দ্বারা আহরিত তথ্যের মাধ্যমে।

- সকালে আমরা কোন ধরনের তথ্য নিজের মনকে প্রদান করছি, সেটা খুব গুরুত্বপূর্ণ। সকালে মন ভীষণ মাত্রায় আত্মভূত থাকে। নেতিবাচক চিন্তার থেকে মুক্ত থাকতে হলে, সংবাদপত্র, সংবাদ চ্যানেল ইত্যাদির থেকে দূরে থাকতে হবে, যা আমাদের মনকে সকালে দুশ্চিন্তাগ্রস্থ করে তুলতে পারে।

- সকালে শক্তিশালী এবং শুদ্ধ কিছু শোনার ও পাঠের চেষ্টা করুন। এর দ্বারা স্বাভাবিক ছন্দে ইতিবাচক, শুদ্ধ এবং শক্তিশালী চিন্তার জন্ম হবে।

- দিনের শেষ মুহূর্তে, তথ্যের শেষ স্তর, আমাদের ঘুমের গুণবত্তাকে প্রভাবিত করে। দিন শেষ করুন ১৫ মিনিট ব্যাপী কোনো পবিত্র ও শুদ্ধ তথ্যের সাহায্যে। আপনার মনের যেকোনো সমস্যার নিদান খুঁজে পাবেন।

মনের সঙ্গে সুখকর সহাবস্থানে থাকুন

সু ও: সুখের জন্য আমাদের মনের বিশ্বাস পদ্ধতি কতটা গুরুত্বপূর্ণ?

ভ শি: আমরা সম্পূর্ণ অন্তরের কর্ম পদ্ধতি দেখেছি—যেখানে চিন্তার থেকে অনুভূতির জন্ম হয়, অনুভূতির থেকে মনোভাবের। মনোভাব কার্যে রূপান্তরিত হয়, যা পরবর্তীকালে পুনঃ-ব্যবহারের ফলে অভ্যাসের সৃষ্টি করে। অভ্যাস আমার ব্যক্তিত্ব তৈরি করে, যা সর্বশেষে আমার ভাগ্য নির্মাণ করে। চিন্তনের থেকে নিয়তি অবধি পৌঁছোবার এটাই একমাত্র পদ্ধতি। সমস্ত চিন্তা খুবই গুরুত্বপূর্ণ, কিন্তু তাদের গুণবত্তার মান কিভাবে নির্ধারিত হবে? সকলে ইতিবাচক চিন্তার কথা বলেন, তাহলে প্ররোচনার সঙ্গে, স্বাভাবিকভাবে নেতিবাচক চিন্তার জন্ম কেন হয়? আমাদের চিন্তার গুণবত্তা, অতীতের অনুভব এবং আহরিত সূচনা সমূহ নির্ধারিত করে থাকে। এই সূচনা সমূহ ও অতীতের অনুভব দুটোই খুব গুরুত্বপূর্ণ।

তৃতীয় জরুরি বিষয়টি হল, আমাদের বিশ্বাস পদ্ধতি। আমাদের শরীর কম্পিউটারের মতন, আমার আত্মা হলো চালক, বিশ্বাস পদ্ধতি অপারেটিং সিস্টেম। যেমন অপারেটিং সিস্টেম হবে, তেমন সফটওয়্যার তার দ্বারা

পরিচালিত হবে। কিছু কিছু সফটওয়্যার বিশেষ অপারেটিং সিস্টেম দ্বারা চালিত হয়ে থাকে। কম্পিউটার ও চালক খুবই গুরুত্বপূর্ণ, কিন্তু অপারেটিং সিস্টেমের অত্যাবশ্যক ভূমিকা থাকে। কখনো কখনো এই অপারেটিং সিস্টেমকে ভাইরাস সংক্রমণের দ্বারা আক্রান্ত হতে হয়, যার ফলে তার কার্য প্রণালীতে ব্যাঘাত ঘটে। যেমন ভুল বিশ্বাস পদ্ধতি আমাদের চিন্তার প্রগতিকে আটকে দিয়ে নিয়তির পরিবর্তন করে। অধ্যাত্মবাদ আমাদের মনে এই সংক্রমণ রোধের প্রচেষ্টা করে। অনেক মানুষ কম্পিউটার ব্যবহার করেন কিন্তু কোনো অ্যান্টিভাইরাসের ব্যবস্থা না করার ফলে তাকে সংক্রমণের হাত থেকে বাঁচাতে পারেন না।

সু ও: তারা সমাপ্তির তারিখ অবধি দেখেন না।

ভ শি: হ্যাঁ, নিজের অপারেটিং সিস্টেমকে, নিজেই উন্নত করে তুলতে হবে। কি করে বুঝব যে আমার সিস্টেম মাঝেসাঝে কাজ করা বন্ধ করে দিচ্ছে? রাগের বহিঃপ্রকাশ, যন্ত্রণা অথবা আহত হওয়াকে এর লক্ষণ হিসেবে ধরা হয়। আমাদের উপলব্ধি এবং নির্ধারণ করতে হবে যে, দিনে কতবার সিস্টেম কাজ করা বন্ধ করে দিচ্ছে।

সু ও: তাই অনেককেই দেখি সারাদিন ধরে বিরক্ত থাকেন।

ভ শি: সেটাই তাদের কাছে স্বাভাবিক মনে হয়, এবং বলেন, 'আমি এরকমই।'

সু ও: তারা এমন কথাও বলেন যে, অন্য কেউ এই সংক্রমণ তাদের মধ্যে ঢুকিয়ে দিয়েছে।

ভ শি: কেউ যদি কোনো সংক্রামক ব্যাধি আমার মধ্যে ঢুকিয়েও দিয়ে থাকেন, তা হলেও আমার কাছে প্রতিষেধক থাকা উচিত। অন্য কেউ আমাকে এই প্রতিষেধক দেবেন না। আসন্ন সময় আরো কঠিনতর হতে চলেছে। পরিস্থিতি অনমনীয় হয়ে যাচ্ছে, মানুষেরা অরক্ষিত হয়ে পড়ছে। ধরুন, আপনি আমার পূর্বপরিচিত, কিন্তু ইদানিং আপনার ব্যবহার এবং সহিষ্ণুতার মধ্যে অকস্মাৎ পরিবর্তন হয়েছে। আমি আপনার ব্যবহারের সঙ্গে পূর্ব পরিচিত

ছিলাম, যার ফলে এই নতুন পরিবর্তনের সঙ্গে মানিয়ে উঠতে পারছি না। এমন ভাবা যেতে পারে যে আগে আপনি হাসিখুশি এবং ভাবনাশূন্য জীবন কাটাতেন, কিন্তু বর্তমানে সমস্যার সঙ্গে যুঝতে গিয়ে, আপনার মানসিক পরিবর্তন এসেছে। আমার কাছে, আপনার পুরোনো ব্যক্তিত্বের প্রাধান্যই বেশি ছিল, অথচ এই নতুন রূপ আমাকে বিভ্রান্ত করে তুলেছে।

সু ও: এই ঘটনায়, আপনার এবং আমার ভূমিকা কি হতে পারে?

ভ শি: আমার প্রথম কর্তব্য হবে নিজের যত্ন নেওয়া এবং আহত হওয়ার থেকে বিরত থাকা। অন্যথা এইভাবেই সম্পর্ক এবং বন্ধুত্বে সমস্যার সৃষ্টি হয়। নিজের ক্ষতকে, নিজেই শুশ্রূষা করতে হবে। আপনি সঠিকভাবে আমার সঙ্গে কথা বলেননি তাই আমার মনে আঘাত লেগেছে, এই যদি কারণ হয়, তাহলে আমি আপনাকে সাহায্য করতে অপারগ। আমার নিজস্ব ধারণা তৈরি হবে যে, আপনি আমার উপরে রেগে আছেন ও আমাকে প্রাপ্ত সম্মান থেকে বঞ্চিত রাখছেন। এই সমস্ত যন্ত্রণাকর চিন্তার সৃষ্টির সাথে সাথে, আমি বুঝে উঠতে পারলাম না যে, আপনার বিরক্তি আমাকে নিয়ে নয়। আপনি অন্য কোনো কারণে কষ্টে আছেন। যেহেতু আমিও যন্ত্রণায় জর্জরিত, তাই আপনার আরোগ্যে কোনো সাহায্য করতে পারব না।

সু ও: অপর ব্যক্তির ব্যবহার নিয়ে আমরা কেন উদ্বিগ্ন হয়ে পড়ি?

ভ শি: কেননা আমরা অপরের থেকে স্বীকৃতি, কদর এবং অনুমোদনের আশা করে থাকি। আমাদের আত্মসম্মানবোধে, এই সব অনুভূতিরা, অনুপাত নিরপেক্ষভাবে যথেষ্ট গুরুত্ব বহন করে থাকে।

সু ও: আমরা মানুষকে ভুল বুঝি কেন?

ভ শি: নিজেরা আহত থাকার কারণে, প্রায়শই অন্যদের ভুল বুঝে থাকি। আমরা যন্ত্রণাক্লিষ্ট হয়ে আছি; সেই কারণে পরিস্থিতিকে সঠিক দৃষ্টিভঙ্গি দিয়ে দেখতে পারছি না।

সু ও: সেই জন্য মানুষকে ভুল বোঝা বেশি সহজ।

ভ শি: আপনার পরিধেয় পোশাকটি সাদা রঙের। কিন্তু যদি আমি রঙ্গিন চশমার কাঁচের মধ্যে দিয়ে দেখি, তখন রঙের তারতম্য হওয়া স্বাভাবিক। আপনি একই রয়ে গেছেন, কিন্তু আমার মনের অহংকার, যন্ত্রণাদির জন্য, আপনাকে ভিন্ন রঙে দেখতে পাব। ভুল বোঝার এটাই কারণ। নিজেদের জানালা এবং কাঁচগুলো পরিষ্কার করা প্রয়োজন এবং কখনোই অপরকে, পরিচ্ছদ পরিবর্তনের কথা বলা উচিত নয়।

সু ও: সকালে এবং রাত্রে ধ্যান ও মননের সাথে দৃষ্টিভঙ্গির শুদ্ধতা সম্ভব?

ভ শি: অবশ্যই। মানসিক বাধা ও নেতিবাচক চিন্তাগত অবস্থায়, সবাইকে এই পদ্ধতিতে অবলোকন করা যায়। আপনার কারণে যদি আমার মনে কোনো যন্ত্রণার সূচনা হয়ে থাকে, তাহলে এটা সম্ভব যে, সেই যন্ত্রণা আমি আরও অনেক মানুষকে প্রদান করতে পারি। আপনার সঙ্গে ঘটিত কোনো প্রত্যাখ্যানজনিত ঘটনা ও তার ফলস্বরূপ, আমার আত্মমর্যাদা খর্ব হওয়ায় আগামী সময়ে সবার সঙ্গেই সেই বিশেষ অভিব্যক্তির বহিঃপ্রকাশ ঘটা সম্ভব। এমন নয় যে, আপনার সঙ্গে থাকলেই আমার আত্মসম্মান হ্রাস পায়, এবং অন্যত্র বৃদ্ধি হয়।

সু ও: কিন্তু অনেকে আছেন যারা আমাদের আত্মসম্মান বৃদ্ধিতে সাহায্য করে থাকেন।

ভ শি: কিন্তু নিজের আত্মসম্মান হ্রাস বা বৃদ্ধির জন্য অন্য কারুর উপরে নির্ভরশীল হওয়া উচিত নয়। ৫ জন মানুষ যদি আমাদের আত্মসম্মান বৃদ্ধিতে সাহায্য করে থাকেন তাহলে, ৫০ জন এমন পাবেন যারা তাকে হ্রাস করে দিতেও প্রবলভাবে সক্ষম।

সু ও: সেইজন্য মানুষ নিজের পরিবার এবং বন্ধুদের মধ্যে সুবিধাজনক স্থান খুঁজে নিতে চান।

ভ শি: কিন্তু কে এই সুবিধাজনক স্থানের জোগান দেন? পরিবার ও বন্ধুদের মধ্যেও এমন অনেকে থাকেন, যারা আমাদের আত্মসম্মান হ্রাসের কারণ হন।

সু ও: ২০ জন পরিবারবর্গের মধ্যে, আমরা ৪ বা ৫ জনের সঙ্গে স্বাচ্ছন্দ্য অনুভব করে থাকি, অথচ আমাদের আলোচনার বিষয়বস্তু হল 'চিরন্তন সুখ', তাহলে, এই ধরনের সুবিধাজনক স্থান খোঁজার অর্থ নিজেদের সীমাবদ্ধ করে তোলা।

ভ শি: ধরুন আপনার সান্নিধ্যে আমার আত্মসম্মান বৃদ্ধি পেয়ে থাকে, কারণ আপনি আমার সমস্ত দোষ-গুণ নিরপেক্ষ হয়ে, আমাকে স্বীকার করেছেন। এমন তখনি সম্ভব, যদি, আপনার মানসিক স্থিতি সম্পূর্ণরূপে স্থির থাকে। পরবর্তীকালে আপনার জীবনের কোনো সমস্যার জন্য, আমাকে নিঃশর্তভাবে স্বীকার করা আপনার দ্বারা সম্ভব নাও হতে পারে।

সু ও: শুধু সমস্যাই নয়, পরবর্তীকালে আপনার বিচার ধারণা আমার পছন্দ নাও হতে পারে এবং আপনার প্রতি আমার ব্যবহারের পরিবর্তন আসার সম্ভাবনা বেশ প্রবল।

ভ শি: অবশ্যই। এতদিন আমি আপনার সান্নিধ্যে সুখী ছিলাম, কিন্তু এখন আমাকে আপনার কাছে প্রমাণিত করতে হচ্ছে। প্রমাণ করার সঙ্গেই আমার মনে ভয়ের জন্ম হয়েছে। আমি অনিশ্চিত যে আপনার, আমাকে ভালো লাগবে কিনা অথবা নিজেকে আমি ঠিকমত প্রমাণ করতে পারছি কিনা। এই প্রক্রিয়ায়, সঠিক উর্জা বিকিরণ হওয়া সম্ভব নয়।

সু ও: সেই এক বিষয়ে আমরা ফিরে আসলাম, মানুষকে স্বাধীন হওয়া দরকার।

ভ শি: 'অ-নির্ভরশীল' অর্থাৎ আত্মার প্রতি নির্ভরশীল, বহির্জগতের প্রতি নয়। কারণ বহির্জগৎ সতত পরিবর্তনশীল।

সু ও: আমাদের সামান্য একলা হয়ে পড়ার কারণ হিসেবে একে ধরা চলে?

ভ শি: একটা বিষয় মনে রাখবেন, অপরকে আরোগ্যের চাবিকাঠির হদিশ দিতে গেলে নিজেকে প্রথমে সুস্থ হতে হবে। আমি সুস্থ থাকলে, অন্যদেরও সুস্থ রাখতে পারব। একজন যন্ত্রণাক্লিষ্ট মানুষ, অপরজনকে কখনোই সাহায্য

করতে পারবেন না, নিঃস্বার্থভাবে সাহায্য করতে চাইলে, সর্বপ্রথম নিজের প্রতি যত্ন নিতে হবে।

সু ও: ধনাত্মক প্রণালীতে, স্বার্থপরতার সংজ্ঞা বলা চলে কি?
ভ শি: নিঃস্বার্থতার ভিত্তিপ্রস্তর বলা চলে। আজকালকার দিনে, অপরের জন্য করা যেকোনো কাজে, সম্প্রদানের থেকে গ্রহণের অভিপ্রায় বেশি দেখা যায়। এমনকি, এই কাজের মধ্যে দিয়ে, নিজেদের অন্তরের শূন্যতাকে পরিতৃপ্ত করার বাসনা আমাদের মধ্যে প্রকট হয়ে ওঠে। প্রকৃত অর্থে এটা স্বার্থপরতা।

সু ও: এর অর্থ, অপরের উপকারের অভিপ্রায়ে নিজ-যত্ন প্রয়োজন।
ভ শি: সমীকরণটিকে এভাবে বোঝা উচিত, একজন সুস্থ মানুষই কেবল, অন্যজনকে সুস্থ করতে এবং বুঝতে সক্ষম হতে পারে। আপনাকে বুঝতে চাইলে, নিজেকে না বুঝে অগ্রসর হওয়া সঠিক পদ্ধতির মধ্যে পড়ে না। আমি মূল্যায়ন করতে পারব না যে, কেন আপনি অন্যরকম ব্যবহার করছেন। নিজে আহত হয়ে, আপনার যন্ত্রণার উপশম করবার প্রচেষ্টা কি কার্যকরী হতে পারে?

এর মধ্যে সবচেয়ে সুন্দর অংশ হল, নিজেদের কর্মপদ্ধতির অনুধাবনের পরে অপরকে বোঝা সহজ হয়ে যায়। নিজে আহত হলে, এই উপলব্ধি আমাদের মনে তৎক্ষণাৎ সম্ভব হবে ও আমি কারণ বুঝে নিজের মনোভাব নিয়ন্ত্রণ করব। কতক্ষণ আমি এই পরিস্থিতিতে থাকতে চাইব সেটা সম্পূর্ণ নিজের ইচ্ছার উপরে বর্তাবে। এইসময়, অপর কোনো ব্যক্তিকে মনোকষ্টে দেখে, বাইরের আহত হওয়ার লক্ষণের অন্তরালে, তার মনের পরিস্থিতি সম্বন্ধে জ্ঞাত হওয়ার চেষ্টা করব। মনের গতিবিজ্ঞানের জটিলতা উপলব্ধি করে, তাদের সমস্যার কারণ নির্ধারণ করার প্রচেষ্টা করব। সুতরাং অপরজনের মনের রহস্যের সমাধান আমাদের মনের গঠন পদ্ধতির উপরে নির্ভর করে।

সু ও: আমার একজন প্রতিবেশী সবসময় রেগে থাকতেন, ও ঝগড়াঝাটির প্রবৃত্তি রাখতেন। অন্য একজন প্রতিবেশীকে আমি ওনার এই প্রবৃত্তির কথা বলতে, উনি বলেছিলেন, 'বেচারা, নিশ্চই কোনো যন্ত্রণার দ্বারা আক্রান্ত, তাই এরকম ব্যবহার করেন।' এখন আমি উপলব্ধি করি, উনি কি বলতে চেয়েছিলেন। অন্যজনের মানসিক পরিস্থিতিকে বোঝা খুব কঠিন কাজ। আমার স্ত্রীর ব্যবহারে কোনো পরিবর্তন আসলে আমি তাকে কখনো জিজ্ঞেস করি না, এর কারণ কি। আমি বিরক্ত হয়ে, তাকে নিজের অবস্থায় ছেড়ে রেখে অন্যত্র চলে যাই। আমি কেন তাকে জিজ্ঞেস করি না যে, তার কোনো সাহায্যের দরকার আছে কি না?

ভ শি: এই মানসিক স্থিতিকে অপসারণ বলা হয়। যখন আমরা অপর ব্যক্তির মেজাজ প্রকৃতিকে বুঝে উঠতে পারি না, তখন নিজেকে অপসারণ করিয়ে দিয়ে থাকি। স্বল্প সময়ের জন্য হলেও, সামনের ব্যক্তির যন্ত্রণার মুহূর্তে, আমরা নিজেদের অপসারিত করে দিয়ে থাকি। একই বিষয় আপনার পত্নীর ক্ষেত্রেও প্রযোজ্য। ওনার ভিন্ন আচরণের কারণ, হয়তো উনি সাহায্যের আশা করছেন। এই মুহূর্তে আপনার প্রয়োজন ওনার কাছে সবচেয়ে বেশি, অথচ আপনি সরে এলেন। কারণ, আপনি নিজের যত্ন নিতে অক্ষম। একসাথে থাকার মানে এই নয় যে আবেগের চরম মুহূর্তেও, পরস্পরের সমব্যাথী হতে পারব। একে অবলম্বন বলা চলে না। আমরা নিজেদের সুস্থ না করা অবধি অপরকে সুস্থ করে তুলতে পারব না।

ধরুন আপনি এক বন্ধুর সঙ্গে বসে আছেন, এই সময় আপনার সন্তান কাউকে অভিনন্দন না জানিয়ে সামনে দিয়ে হেঁটে চলে গেল। সর্বপ্রথম চিন্তা আপনার মনে আসবে, 'কি হয়েছে ওর? এরকম ব্যবহার করছে কেন? আমার বন্ধু কি ভাববে? হয়তো ও অন্যদের কাছে আমাদের ছেলের ব্যবহার নিয়ে সমালোচনা করবে; সবাই আমার বিষয়ে কি ভাববে?' এইভাবে আমরা নিজেদের ক্ষতর চিকিৎসা করব—নিজেকে প্রশ্ন করা যে, কেন সে এরকম ব্যবহার করছে সেটা আমার দায়িত্বের মধ্যে পড়ে না। বরং আমার উচিত তার যন্ত্রণার কারণ অনুসন্ধান করা। এমন হতে পারে আপনি ছেলের ঘরে গিয়ে তার ব্যবহারের কারণ জিজ্ঞেস করলেন, কিন্তু সে আপনাকে ঘর ছেড়ে চলে যেতে অনুরোধ করল। অভিভাবকদের আহত হওয়া অথবা অপমানের

সময়, সন্তান তাদের সামনে থাকতে চাইবে না। এখন সন্তান যন্ত্রণায় আছে তাই সে অন্য কোনো আহত মানুষের সান্নিধ্য পছন্দ করবে না।

আপনি এমন একজনের সঙ্গে দেখা করতে ইচ্ছুক যিনি মানসিক রূপে স্থিতিশীল, এবং আপনাকে নিঃস্বার্থভাবে গ্রহণ ও সাহায্য করতে পারবেন। এই ধরনের মানুষ আজকাল পাওয়া সহজ নয়। নিঃস্বার্থ স্বীকৃতির অর্থ হল, আপনার ক্রোধের কারণ সত্ত্বেও আমি অন্তরে সম্পূর্ণ স্থিতিশীল এবং আমি আপনাকে কোনো বিচারের পরাকাষ্ঠায় রাখতে চাই না। এই ধরনের মানুষদের থেকে আহরিত উর্জা আমাদের ক্ষতবিক্ষত মনকে আরোগ্যের দিকে নিয়ে যায়।

সু ও: আমাদের মানসিক স্থিতি কি স্বয়ংক্রিয় পদ্ধতিতে পরিবর্তিত হতে থাকে না? আপনি উঁচু গলায় কথা বললে, আমিও একই কাজ করি। আপনি নম্র হলে আমিও নম্র। আপনি যদি হাসেন আমার মুখেও হাসি দেখা যায়।

ভ শি: আমরা অন্য সবার জন্য নিজেদের ব্যবহার পরিবর্তিত করতে থাকি; সেই জন্যেই নিজেদের প্রকৃত গুণগুলো থেকে বিস্মৃত হতে থাকি। আমার সাদা শাড়ি, অপরের লাল শাড়ি দেখে তার রং বদলে ফেলে। এবারে কাউকে যখন কালো পোশাকে দেখি, নিজেকেও কালো রঙে ভরে দিই। এরপর সবুজ রং দেখে, নিজেকেও সবুজে রাঙিয়ে নিয়ে থাকি।

তাহলে আমার ব্যক্তিত্ব এর মধ্যে কোথায়? আমি, আমার ব্যক্তিত্ব সতত অন্যের ব্যক্তিত্বের রঙে রাঙিয়ে দিতে থাকি। কিন্তু, আসলে সেগুলো তাদেরও ব্যক্তিত্ব নয়; বরং তাদের ব্যক্তিত্বের প্রতি আমাদের দৃষ্টিভঙ্গি মাত্র। মানুষকে তার প্রকৃত রূপে আমরা চিনতে অক্ষম।

সু ও: আমাদের দ্বারা কি চেনা সম্ভব নয়?

ভ শি: যদি তাদের আমরা, নিজেদের দৃষ্টিভঙ্গি দিয়ে দেখি, তাহলে সম্ভব নয়। কেবল মাত্র একজনই আছে, যে আমাকে সম্পূর্ণ রূপে চেনে, সে শুধু আমি নিজে। অন্য কোনো মানুষ এই দাবি রাখতে পারেন না। তারা আমাকে তাদের দৃষ্টিভঙ্গি দিয়ে চিনতে পারেন, যা সতত পরিবর্তনশীল।

সু ও: তাহলে একটি সন্তান তার বাবাকে নিজের দৃষ্টিভঙ্গি দিয়ে চিনবে।

ভ শি: অবশ্যই। একই পিতা তার তিন সন্তানের সামনে আলাদা আলাদা রূপে ধরা দেবেন। কোনো সন্তান ভীত হবে, কারণ সে দুর্বল। কোনো একজন আত্মবিশ্বাসে ভরপুর হয়ে, বাবার সামনে যেতে স্বাচ্ছন্দ্য অনুভব করবে। তৃতীয় সন্তানটি হয়তো ভয় অথবা স্বাচ্ছন্দ্য কোনোটার দ্বারাই প্রভাবিত হবে না, সে চুপচাপ এক কোণায় দাঁড়িয়ে থাকবে। সবার ক্ষেত্রেই বাবার স্বভাব ও ব্যক্তিত্বও কিন্তু একই থাকবে। এক্ষেত্রে একটি সন্তান স্বাচ্ছন্দ্য অনুভব করলে অন্যজন কেন ভয় পাবে? কারণ, সে বিনম্রতার দৃষ্টিভঙ্গি দিয়ে বাবাকে অবলোকন করছে।

সু ও: একটি দম্পতির উদাহরণ দেওয়া যাক। স্বামী শক্ত স্বভাবের, এবং সেইজন্য স্ত্রী বলছেন, 'তুমি কি নম্রভাবে কথা বলতে জানো না?', অন্য কোনো পরিস্থিতিতে, উনি হয়ত বলবেন, 'কখনো তুমি শক্ত হতে পারো না?' তাহলে, আমরা আমাদের সঙ্গী/সঙ্গিনীর একই রকমের ভূমিকা দিয়ে সুখী থাকতে পারি না। আমরা চাই, সে বিভিন্ন পরিস্থিতিতে, বিভিন্ন রূপে অবতরণ করুক।

ভ শি: কারণ সেই স্ত্রী মনের মধ্যে নিজের স্বামীর সম্পর্কে এক যথার্থ রূপের কল্পনা করে রেখেছেন। যখন আমরা কোনো সম্পর্কের বন্ধনে আবদ্ধ হতে চলি, তখন মনের মধ্যে সঙ্গী/সঙ্গিনী সম্পর্কে এক আদর্শ রূপের কল্পনা করে থাকি। এরপরে বাকি জীবন ধরে তাকে সেই রূপের আদলে গড়ার প্রচেষ্টা করতে থাকি। ধরুন আমার মনের ভেতরে, নিজের সঙ্গীকে নিয়ে, বহিমুখী, প্রাণচঞ্চল ও প্রবল রূপরেখা তৈরি হয়ে আছে। সেক্ষেত্রে যদি সে নম্র, শান্ত এবং অন্তর্মুখী স্বভাবের হয়, তাহলে আমার তার ব্যবহার পছন্দ হবে না। এক্ষেত্রে আমার সঙ্গীর স্বভাবের থেকে আমার দৃষ্টিভঙ্গি বেশি গুরুত্বপূর্ণ। আমি বরাবর বলতে থাকব, 'তোমার এরকম হওয়া উচিত নয়, তোমাকে উগ্র হতে হবে, আরো প্রাণখোলা, এরকম, সেরকম ইত্যাদি হতে হবে...' আসলে আমি চাই, মানুষটা একদম সেরকম হোক, যেরকম আমি তাকে নিয়ে স্বপ্ন দেখেছি। অনেকটা এমন এক দর্জির মতন, যে

আপনার জামা, নিজের পছন্দের মাপ অনুসারে বানাতে ইচ্ছুক, আপনার পছন্দের মতো নয়।

সেই জন্য, আমরা সর্বদাই অস্থিরচিত্তে থাকি। সকলের ইচ্ছার অনুরূপ নিজেদের পরিবর্তিত করতে চাই।

সু ও: আমাদের অস্থিরমতি হওয়ার কারণ কি শুধু তারা, আমরা নিজেরাই কি স্থির নই?

ভ শি: কি হয়, যখন আমরা ১০ জন মানুষের সঙ্গে দেখা করি, আর অনুভব করি, আমার মনের সুখ জড়িয়ে আছে ওই ১০জন কে খুশি রাখার মধ্যে দিয়ে। প্রত্যেকে চাইবেন তাদের জন্য আমি যেন ভিন্ন ভিন্ন রূপে অবতীর্ণ হই। এইরূপ পরিবর্তনের ফলে, আমার প্রকৃত স্বরূপের কি হবে?

একসময় আসবে যখন নিজের সাথে সংঘর্ষের ফলে, আমার দম বন্ধ হয়ে আসবে।

সু ও: এই সংঘর্ষের থেকে মুক্তি কিভাবে পাব? এবং আমরা ধ্যানে বসতে পারি কি?

ভ শি: আসলে আমাদের সহজাত প্রবৃত্তিতে এমন একটা অন্তরস্থল আছে, যাকে অপবিত্র করা যায় না। সেটা আমাদের চেতনা। ধ্যানের মাধ্যমে আমরা বিশ্বাস পদ্ধতির বিভিন্ন স্তর অতিক্রম করে, সেই অন্তরস্থলে পৌঁছতে সক্ষম হই। যেখানে আধ্যাত্মিক শক্তিপুঞ্জের অবস্থান।

আসুন নিজেকে সম্পূর্ণরূপে নিষ্ক্রিয় করে মনন করি। আসুন ধ্যানকেন্দ্রিত হই।

প্রতিদিন যেইসব বিভিন্ন মানুষদের সঙ্গে আমি দেখা করি, তাদের ব্যক্তিত্ব বিভিন্নরকমের হয় ... প্রত্যেকে নিজের বিশ্বাস পদ্ধতির দ্বারা চালিত ... তাদের ঠিক ... তাদের ভুল ... তাদের দৃষ্টিভঙ্গি ... আমি নিজেকে নিরীক্ষণ করি ... প্রত্যেক মানুষের প্রতি আমি কোন দৃষ্টিভঙ্গি দিয়ে দেখব ... এটা তাদের ব্যক্তিত্বের প্রভাব ... যাদের সঙ্গে আমার দেখা হচ্ছে, তাদের জন্য কি

আমি পরিবর্তিত হয়ে পড়ছি ... অথবা, নিজেকে নিজের প্রকৃত শুদ্ধ সত্তায় ধরে রাখতে পারছি ... আজ সারাদিনের মুহূর্তের মধ্যে নিজেকে অবলোকন করি ... ২০ জন মানুষের সঙ্গে সাক্ষাতের মধ্যে দিয়ে ... তাদের প্রত্যেকের মধ্যে নিজেকে দেখি ... সম্পর্ক স্থাপন করি আমার অন্তর্মনের কেন্দ্রস্থলের দ্বারা ... আমার প্রকৃত সংস্কারের দ্বারা, যা পবিত্র এবং স্বচ্ছ ... আমি, নিখুঁত, নির্ভুল শুদ্ধ সত্তা ... প্রভাবমুক্ত এবং শান্ত ... সমস্ত ব্যক্তি ও বস্তুর দ্বারা, যা আমার চারদিকে অবস্থিত ... ওম শান্তি!

চিরন্তন আনন্দের মন্ত্র

- আমাকে শুধু আমি নিজেই সঠিকরূপে চিনি।
- আমাদের চিন্তার সৃষ্টি হয়, পূর্ব অনুভব এবং আমাদের দ্বারা আহরিত তথ্য এবং বিশ্বাস পদ্ধতির দ্বারা।
- অপরের উপরে নির্ভরশীল না হয়ে, নিজের অনুভূতিকে নিয়ন্ত্রণ করা প্রয়োজন। স্বাধীন অর্থ, নিজের প্রতি নির্ভরশীল হওয়া। কখনোই বহির্জগতের উপরে নির্ভরশীল হওয়া কাম্য নয়, কারণ তারা সতত পরিবর্তনশীল, তাদের যুক্তিগ্রাহ্য কারণে।
- আসুন আমরা নিজেদের প্রকৃত স্বরূপে থাকি এবং প্রয়াস করি যাতে, অপরের দ্বারা প্রভাবিত হয়ে, পরিবর্তিত না হয়ে যাই।

সুখ সর্বোত্তম-এর কোনো বিকল্প নেই

সু ও: ভগিনী শিবানী, অতীতের অনুভব আমাদের মন কে কতটা প্রভাবিত করতে পারে?

ভ শি: অতীতের অনুভবকে এড়ান সম্ভব নয়। আমাদের স্মৃতিতে এরা নথিবদ্ধ হয়ে থাকে। তবে চাইলে আমরা বারবার একই জিনিস মন্থন করার থেকে বিরত থাকতে পারি। কারণ, যতবার আমরা অতীতকে নিয়ে ভাবব, ততবার তাকে বর্তমানে নিয়ে আসব। প্রতিবার একই আবেগের মন্থনের সঙ্গে নিজের সংস্কারকে আরও গভীরে নিয়ে যাব। খারাপ স্মৃতি মনে তীব্র ক্ষতর সঞ্চার করবে। যা অতীতে হয়ে গেছে, তার অপছন্দের দিকগুলো এখন মনে না করে, মনকে আরোগ্যের দিকে নির্দেশিত করা বাঞ্ছনীয়। অনেকসময় এই কাজে আমরা আরও অনেককে নিযুক্ত করে ফেলি। ফলস্বরূপ আমাদের ক্ষত আরোগ্য লাভ করে না। অতীত হারিয়ে গেছে। এর মধ্যে কোনো অল্পবিরাম, প্রশ্ন, বিস্ময়ের অবকাশ নেই; এখানে শুধু পূর্ণ বিরাম। আমাদের পরিষ্কার, বিশুদ্ধ হয়ে সামনে এগিয়ে যেতে হবে, তাহলেই নতুন যা কিছু আমরা সৃষ্টি করব, সেইসব নথিভুক্ত হয়ে যাবে। লোকে বলেন, অতীতকে মনে রাখা

প্রয়োজনীয়, কারণ তার থেকে শিক্ষা লাভ করা যায়। কিন্তু, অতীত থেকে কি শিক্ষা লাভ করা যায়? আমরা শুধু পুরোনো ঘটনার থেকে নিজেদের অতীত প্রতিক্রিয়ার পরিমাপ নির্ধারণ করে, জানতে পারি যে অন্য কোনো ভাবে আমরা প্রতিক্রিয়া দেখাতে পারতাম। এছাড়া অতীত থেকে শিক্ষার কিছু নেই; নিজেদের প্রতিক্রিয়া থেকেই শিখতে হবে। অতীতে নিজেকে বদ্ধ করে রাখলে, শুধু যন্ত্রণাই প্রাপ্তি হতে পারে। অনেকটা, কোনোকিছু হাতের মুঠোয় ধরে রাখার মতন, বস্তুটি একই রকম থাকবে, শুধু কিছুক্ষণ পর হাতে ব্যাথা শুরু হয়ে যাবে।

সু ও: অনেকে দীর্ঘস্থায়ী অসুখ যেমন, মাথাব্যথা, চর্মরোগ, ইত্যাদির অভিযোগ করে থাকেন, যার কোনো সদুত্তর চিকিৎসকের কাছেও থাকে না।
ভ শি: কারণ আমরা নিজেদের অতীতে আবদ্ধ করে রেখেছি। আমাদের বুঝতে হবে, সব শেষ হয়ে গেছে। অতীত আমাদের নিয়ন্ত্রণে নেই।

সু ও: কিন্তু যদি কোনো দুর্ঘটনা, অতীত জীবনে আমার সঙ্গে ঘটে থাকে, আর আমার বন্ধু জিজ্ঞেস করে, কি ঘটেছিল, আমি তার সঙ্গে এই বিষয়ে আলোচনা করব।
ভ শি: অনেকটা, ক্ষতস্থান থেকে ব্যাণ্ডেজ খুলে নিয়ে, তাকে নতুন করে উত্যক্ত করার মতন। অতীতকে মনে করে, সেই যন্ত্রণাকে নতুন ভাবে বাড়িয়ে তোলা। নিজেকে প্রশ্ন করা উচিত, 'আর কতবার সেই যন্ত্রণাদায়ক আবেগের দ্বারা নিজেকে কষ্ট দেব?' তার থেকেও জরুরি, একই কাজ বারবার করলে, সেটা আমার ব্যক্তিত্বের অঙ্গ হয়ে দাঁড়াবে। পরবর্তীসময়ে, এই ব্যক্তিত্ব আমার সবসময়ের সঙ্গী হবে। আমরা হয়তো অতীত নিয়ে কারোর সাথে আলোচনা করবো না, কিন্তু স্মৃতির থেকে উদ্ভূত যন্ত্রণা আমাদের স্পন্দনের অংশ হয়ে যাবে।

সু ও: আমরা কি এই ধরনের পরিস্থিতি এবং মানুষদের আকর্ষণ করে থাকি না?

ভ শি: পরিস্থিতিকে আকর্ষণ করি না, তবে পূর্বের মতন, পরিস্থিতির প্রতি একই প্রতিক্রিয়ার সঞ্চার করে থাকি। কর্মযজ্ঞের কোনো গুরুত্বপূর্ণ মুহূর্তে, মানসিকরূপে বিষাদগ্রস্ত থাকার দরুণ, সমস্যার সম্মুখীন সঠিকভাবে হতে পারব না। অতীতের ঘটনা নিয়ে আমি ইতিমধ্যে আহত, তার উপরে নতুন ঘটনার সূত্রপাত। আমার শক্তি নেই এর সঙ্গে সংগ্রাম করবার। এখন, যেই যন্ত্রণার আমি সৃষ্টি করব, তার তীব্রতা যথেষ্ট কম হতে পারত যদি অতীতের ঘটনার প্রতিফলন না হত। এখন এই যন্ত্রণা, পরিস্থিতি, পরিজন নির্বিশেষে, আমার ব্যক্তিত্বের অংশ হয়ে দাঁড়াবে, এবং বর্তমানের অন্য সম্পর্কেও সমস্যার সৃষ্টি করবে।

সু ও: অর্থাৎ, যন্ত্রণা এবং অতি যন্ত্রণার এক দূষিত চক্রের সৃষ্টি হবে।

ভ শি: কারণ এটাই আমার ব্যক্তিত্ব, তাদের নয়। আপনাকে সূত্র হিসেবে ধরে করে, বলতে পারি যে আমি আহত, কিন্তু আসলে, এটাই আমার বর্তমান ব্যক্তিত্ব। এই ব্যক্তিত্ব আমার সঙ্গে সমস্ত পরিস্থিতি ও ব্যক্তিসমূহের সম্মুখীন হবে, ফলস্বরূপ আমি আরও অরক্ষিত হয়ে পড়ব। সমস্যার সম্মুখীন হওয়ার অর্থ, সঙ্গী, বন্ধু ইত্যাদিকে পরিবর্তনের মধ্যে দিয়ে নয়; বরং নিজেকে শক্তিশালী করার মধ্যে দিয়ে। আর তখনি যেকোনো পরিস্থিতি ও ব্যক্তি নির্বিশেষে আপনার আবেগ প্রতিরোধ ক্ষমতার বৃদ্ধি হবে আপনি সবরকমের পরিস্থিতি ও ব্যক্তির সঙ্গে সম্মুখীন হতে পারবেন।

সু ও: চিন্তাকে কি সহজে পরিবর্তন করা সম্ভব?

ভ শি: মানুষ নিজের জীবনে বিস্ময়কর ঘটনা ঘটিয়ে চলেছে; সব সে করছে নিজের প্রচেষ্টায়। অন্য কেউ তার হয়ে এই কার্য সম্পাদন করছে না। প্রথম উপলব্ধি হলো—আমি করছি, অন্য কেউ নয়। সমস্ত কিছুর জন্য আমরা দায়ী; অন্য কাউকে দোষারোপ করা সমীচীন নয়। অনেক দম্পতিকে দেখেছি, বিবাহবিচ্ছেদের শেষ পর্যায়ে গিয়েও সুখী দাম্পত্য জীবনে ফিরে এসেছেন, শুধু একটি উপলব্ধি নিয়ে—দোষ তার নয়, আমার। পরিবর্তনের প্রয়োজন আমার। এভাবেই পরিস্থিতি বদলে যায়।

সু ও: বিবাহবিচ্ছেদের প্রধান সমস্যাই হল দোষারোপ।

ভ শি: সাধারণত বিবাহবিচ্ছেদের মূল কারণ হল 'ভুল তোমার' এই ধরনের চিন্তার। এখন আমরা বুঝতে পারছি, পরিস্থিতির প্রতি আমার প্রতিক্রিয়ার প্রতিফলন হল সমস্যার কারণ। এতে অপর ব্যক্তির, ব্যবহারের কোনো ভূমিকা নেই। সুতরাং আমরা নিজেদের প্রতিক্রিয়ার প্রতি সচেতন হতে শুরু করলাম।

সু ও: ওরা বলে থাকেন, 'তুমি এইভাবে কথা বললে, স্বাভাবিকভাবে আমিও নিজের প্রতিক্রিয়া দেখাব।' এর পরেও আপনি কিভাবে বদলাবেন?

ভ শি: একেই উপলব্ধি বলা চলে। 'তুমি এইভাবে কথা বল', কিন্তু এখন আমি নির্ণয় নেব কিভাবে আমাকে প্রতিক্রিয়া দেখাতে হবে। সমীকরণ বদলে গেছে। আমি একবার এক ২৪ বর্ষীয় মহিলার কাছ থেকে ফোন পাই, উনি ছাদের উপরে আত্মহত্যার উদ্দেশ্যে দাঁড়িয়ে ছিলেন। শেষ উপায় ভেবে উনি ফোন করে বললেন,' আমার বাঁচার ইচ্ছে নেই, আমি আত্মহত্যা করব, কিন্তু তাও আমি ভাবলাম, একবার আপনাকে জিজ্ঞেস করি, যদি কোনো সমাধান দিতে পারেন। আমার স্বামীর, অফিসে একজনের সঙ্গে প্রণয়ঘটিত সম্পর্ক হয়েছে, যার জন্য সে আমার সঙ্গে বিবাহবিচ্ছেদ করতে আগ্রহী। আমি বাঁচার কোনো কারণ খুঁজে পাচ্ছি না। মা, বাবা, সমাজ ও অন্যান্য জায়গায় মুখ দেখাব কি করে?' সেই সময় আমি বাক্যহারা হয়ে পড়েছিলাম। আমি বললাম, 'ঠিক আছে, প্রথমে আপনি নিচে নেমে আসুন। আমাকে বলুন আপনি কি চান?' তিনি বললেন, 'আমি চাই সব যেন আগের মতন স্বাভাবিক হয়ে যায়, আমার পারিবারিক জীবন, বিবাহিত জীবন পুনরায় পূর্ববৎ হয়ে যাক।' আমি বললাম, 'আপনি ভাবুন, সবকিছু ঠিক আছে', উনি বললেন, 'কিন্তু ঠিক তো নেই।' আমি বললাম, 'আমি জানি, কিন্তু আপনি কি চান?' উনি বললেন, 'আমি চাই সব ঠিক হয়ে যাক।' আমি বললাম, 'এবারে আপনি ভাবুন, সবকিছু ঠিক চলছে, আমার স্বামীও সম্পূর্ণ ঠিক আছেন, কোনো সমস্যা হয়নি।'

পরের ১০ দিন, আমরা প্রত্যহ প্রায় ১ ঘন্টা ফোনে কথা বলেছিলাম। উনি বলতেন, 'সবকিছু ঠিক নেই, কি করে আমি বলি যে সব ঠিক? আমি

কি করব? আমি কি মেয়েটার সঙ্গে কথা বলব? মেয়েটার পরিবারের সঙ্গে কথা বলব? আমি কি স্বামীর মা, বাবা'র সঙ্গে কথা বলব? আমি তাকে প্রতিবার একই উপদেশ দিতাম। অবশেষে উনি আমার উপদেশ মানলেন এবং ভাবতে শুরু করলেন সবকিছু ঠিক আছে। আমার স্বামী ঠিক আছেন। উনি কান্নাকাটিও বন্ধ করে দিলেন এবং যথেষ্ট সুস্থির হয়ে উঠলেন। যখন ওনার স্বামী অফিস থেকে বাড়ি ফিরতেন, তখন ভদ্রমহিলা নিজেকে সংযত রাখতে শুরু করলেন। এর ফলে ভদ্রলোক আরো উত্তেজিত হয়ে পড়েন। উনি স্ত্রীর ভুল ধরা ও অন্য ধরনের খারাপ ব্যবহার শুরু করে দিলেন; এসবের মধ্যে দিয়ে উনি নিজের কাজের ন্যায্যতা প্রতিপাদন করতেন। ভদ্রমহিলা স্থির থেকে নিজেকে বলতেন, 'সবকিছু ঠিক আছে, পরিস্থিতি আমার নিয়ন্ত্রণে আছে, আমি নিজেকে সংযত করে রেখেছি।'

এক মাস পরে, স্বামী বিবাহবিচ্ছেদের কাগজ এগিয়ে দিয়ে বললেন যে, তার কোম্পানি তাকে মার্কিন যুক্তরাষ্ট্রে পাঠিয়ে দিচ্ছে, এবং সেই মেয়েটি তার সঙ্গে যাবে। তারা সে দেশে গিয়ে বিয়ে করবেন। ভদ্রমহিলা আমাকে ফোন করে সব জানালেন এবং আমাকে অবাক করে দিয়ে বললেন, 'আপনি জানেন আমি ঠিক আছি, আমার ধারণা নিজের যত্ন আমি নিতে পারব। আমি একটা চাকরি খুঁজে নিয়ে নিজের মা ও বাবার সঙ্গে থাকা শুরু করব।' এক মাসের মধ্যে উনি নিজের চিন্তার পরিবর্তন নিয়ে এসেছিলেন। উনি কঠিন প্রচেষ্টা করেছিলেন। যথাসময়ে ভদ্রলোক চলে গেলেন।

দু মাস পরে, উনি ফোন করে জানালেন যে ফিরে আসতে চান। মহিলা আমাকে জানালেন। 'এখন আমি কি করব?' আমি জিজ্ঞেস করলাম, 'আপনি কি চান?' উনি বললেন, 'আমি চাই সব আগের মতন স্বাভাবিক হয়ে যাক।'

সু ও: এটাই তো উনি শুরুর থেকে চেয়েছিলেন।

ভ শি: হ্যাঁ। এবং আজ ওই ঘটনার পর ৪ বছর অতিবাহিত হয়ে গেছে। ওনারা একসাথে সুখে আছেন ও একটি মেয়েও হয়েছে। সম্পূর্ণ প্রয়াস কেবল ওই মহিলার একার ছিল। ব্রহ্মাকুমারীদের থেকে প্রাপ্ত সরল জ্ঞানের দ্বারা, আমরা সহজেই গ্রহণ ও সম্পাদনের বিদ্যা অর্জন করতে সক্ষম হই। মানুষকে শুধু শুরুর প্রচেষ্টাটুকু করতে হয়।

সু ও: উনি কি মনের ভেতরে ব্যর্থতার অনুভূতি পেয়েছিলেন, যখন স্বামী মার্কিন যুক্তরাষ্ট্রে চলে যান?

ভ শি: ব্যর্থতা বলা চলে না। আমরা পরিস্থিতিকে অবলোকন করতে পারছিলাম না; আমরা কেবল আশা করছিলাম যে, উনি নিজের মনকে সংযত করে তুলুন। পরিস্থিতি আমাদের নিয়ন্ত্রণে ছিল না। আমাদের প্রত্যাশা ছিল যে, হয়তো ধর্ম অথবা অধ্যাত্মবাদ সমস্যার পরিবর্তন নিয়ে আসবে। তবে সেটা হয়নি। সমস্যা এবং জটিলতা আসবে; বাধা এবং বিপত্তিও। অধ্যাত্মবাদ আমাদের সাহায্য করে, পরিস্থিতির সম্মুখীন হতে এবং নিজের উপরে সংযম নিয়ে আসতে।

সু ও: কিন্তু, উনি যখন ভাবছিলেন যে সবকিছু ঠিক আছে, এক অর্থে পরিস্থিতি বদলাবার প্রচেষ্টাই করছিলেন।

ভ শি: উনি নিজের চিন্তার পরিবর্তন করছিলেন।

সু ও: উনি কি কল্পনায়, পরিস্থিতি পরিবর্তন করছিলেন না?

ভ শি: উনি কল্পনা করছিলেন না। মনের মধ্যে সবকিছু ঠিক ছিল। সবসময় মন থেকেই শুরু করতে হয়। আমাকে সর্বাগ্রে ভেতরে ঠিক থাকতে হবে।

সু ও: আপনি কি ধরনের মানসচিত্রের গঠন ওনার মনে প্রদান করেছিলেন? আপনি বলেছিলেন, 'শুধু ভাবুন সব কিছু ঠিক আছে; কোথাও কোনো ভুল নেই।'

ভ শি: যদি জীবনসঙ্গী অথবা শিশু, ভাবাবেগে তলিয়ে যায়, তখন কোন ধরনের উর্জা, ওদের প্রতি আমরা দেব? রাগ অথবা যন্ত্রণা? একজন ইতিমধ্যে তলিয়ে যাচ্ছে, আর আমরা তার উপরে আরও নেতিবাচক উর্জার বর্ষণ করছি। এর ফলে, ওরা আরও তলিয়ে যাবেন। মানুষটিকে ফেরত আনতে চাইলে, আপনাকে শক্তিশালী ইতিবাচক উর্জা প্রেরণ করতে হবে। এরজন্য, সমালোচনা, দুর্বোধ্যতা, বিচার করার প্রবণতা ইত্যাদির থেকে দূরে যেতে হবে এবং ওনাকে সম্ভ্রমপূর্বক আশ্বাস দিতে হবে যে কোনো কিছু খারাপ

হয়নি। ওনার হিসেবে উনি হয়তো ঠিক কাজ করছেন, যা হয়তো আমার কাছে সঠিক নাও মনে হতে পারে।

এইরকম পারিবারিক সমস্যার সঙ্গে জর্জরিত অনেকের সঙ্গে আমার কথা হয়েছে। দুপক্ষের সঙ্গে কথা বললে বুঝবেন দুজনেই নিজের জায়গায় ঠিক। একজনের কথা শুনে আপনি ভাববেন, 'এই মানুষটি সঠিক।' আবার অপরের জন্যেও একই মনোভাব তৈরি হবে। প্রত্যেকেই নিজের দৃষ্টিকোণে সঠিক, আমাদের কাজ হল, তাদের একে অপরের পরিপ্রেক্ষিতকে বুঝিয়ে দেওয়া।

সু ও: সঠিক বোধশক্তি ও জ্ঞানের দ্বারা আমাদের পরিস্থিতির সম্মুখীন হতে হবে।

ভ শি: আপনাকে আর এক দম্পতির ঘটনা বলছি। মহিলা, স্বামীর থেকে তার অপব্যবহারের কারণে ৩ মাস ধরে অন্যত্র থাকছিলেন। ১০ বছর ধরে এই নরক যন্ত্রণা সহ্যের পর, উনি মেয়েকে নিয়ে আলাদা হয়ে যান। উনি, এই সমস্যার সমাধানের আশায়, আমার সঙ্গে দেখা করেন। কথা বলতে বলতে ক্রমাগত কাঁদছিলেন। আমি ওনার স্বামীর ছোটবেলার কথা জিজ্ঞেস করতে, উনি বললেন, সেটা সুখের ছিল না। ছোটবেলার থেকে ভদ্রলোক চাকুরীজীবি বাবা মায়ের এক সন্তান হওয়ার জন্য, ভীষণ একলা জীবন কাটিয়েছিলেন। আমি বুঝলাম, ভদ্রলোক জীবনে ভালোবাসা না পাওয়ার ফলে, স্ত্রীর প্রতি আধিপত্য ও নিয়ন্ত্রণের চেষ্টা করতেন। কারণ উনি নিজে অরক্ষিত ও অধিকারসূচক ব্যক্তিত্বের মানুষ হওয়ার দরুন, অন্তরে চরম যন্ত্রণা ভোগ করতেন। ভদ্রমহিলাকে সেটা বোঝাতে, উনি স্বামীর প্রতি ঘৃণা না করে সহানুভূতির পরিচয় দিলেন। উনি বললেন, 'আমার স্বামী, এতদিন ধরে কষ্ট পেয়েছেন, অথচ আমি ভাবতাম যন্ত্রণা কেবলমাত্র যেন আমার।' এই উপলব্ধির ফলে, তার মধ্যে পরিবর্তন আসে, এবং এখন ওনারা একে অপরের সমব্যথী।

পরিস্থিতি একদিনে বদলে যায়নি, কারণ স্বামী বুঝতেন না, তার এই উগ্রতার কারণ কি। আবেগের অবরুদ্ধতাই এর একমাত্র কারণ। আমাদের উচিত, অন্যের দৃষ্টিভঙ্গি দিয়ে দেখা এবং উপলব্ধি করা যে, কোন ধরনের বিষয়বস্তু অপরজনের ব্যবহারকে নিয়ন্ত্রণ করছে। স্বামী যখন স্ত্রীর সঙ্গে

দুর্ব্যবহার করতেন, তখন ভদ্রমহিলা শুধু নিজের যন্ত্রণাটাই দেখতে পেতেন। উনি অপরজনের মানসিক অবস্থা উপলব্ধি করতে পারতেন না, আবার স্বামীর ক্ষেত্রেও একই ব্যাপার ঘটত।

সু ও: **যদি দুজনেরই শৈশব দুঃখের হতো, তাহলে?**
ভ শি: পরেরবার দুজনেই এসেছিলেন। স্ত্রী লাগাতার কাঁদছিলেন। উনি স্বামীকে বলছিলেন 'প্রতিজ্ঞা করো, কখনো আমাকে মারবে না, তাহলেই আমি বাড়ি ফিরে আসব।' স্বামী বলেছিলেন, 'আমি প্রতিজ্ঞা করছি যে আমি চেষ্টা করব। মহিলা বললেন, না, আমাকে প্রতিশ্রুতি দাও যে, তুমি আর এই কাজ করবে না।' তখন আমি মহিলাকে বললাম, 'আপনি প্রতিশ্রুতি দিন যে আর আপনি কাঁদবেন না।', উনি তৎক্ষণাৎ বললেন,'আমি চেষ্টা করব।' অন্যজনকে পরিবর্তন হওয়ার কথা বলা খুব সহজ, কারণ আমাদের, নিজের সংস্কারের উপরেই কোনো নিয়ন্ত্রণ নেই।

সু ও: **কিন্তু আমরা কি সংস্কার বদলাতে পারি?**
ভ শি: অবশ্যই। উপলব্ধি ও সঠিক কারণ নির্ণয়ের পর।

সু ও: **এই কারণ নিজের অন্তরে কেমন করে নির্ধারণ করব? এতো শুধু 'আপনি' আবিষ্কার করতে পারেন, অথবা 'আমার' দ্বারাও কি সম্ভব? ধরুন আমি সহজেই রেগে যাই; আমার কি ধরনের সংস্কার, সেটা কি করে জানব? আমি কি নিজের অতীত অন্বেষণ করব?**
ভ শি: অবশ্যই অতীতকে দেখবেন। যেমন কারোর যদি শৈশব কঠিন ও যন্ত্রণাগ্রস্ত হয়ে থাকে—হয়তো তার অভিভাবক এর জন্য দায়ী, তারা হয়ত দুর্ব্যবহার করতেন, অথবা অন্য কোনো কারণ ছিল। সেই শিশু আজও হয়তো সেই যন্ত্রণা বহন করে চলেছে, সমালোচনার ভয়ে জর্জরিত হয়ে। এবারে, এই শিশু বড় হওয়ার সাথে সাথে, নিজের জন্য একটি রক্ষা কবচ বানিয়ে নিতে থাকবে। সে আর যন্ত্রণার দ্বারা আক্রান্ত না হয়ে, উগ্র এবং উচ্চভাষী মানসিকতার হয়ে যাবে। কেউ কিছু বলার আগেই, সে তার প্রতি বিরূপ মনোভাব দেখাবে। লোকেরা তাকে ভয় করতে শুরু করবে। এই রক্ষা কবচ

তৈরি করে সে সুনিশ্চিত করবে, যাতে কেউ কিছু বলার সাহস না পায়। কিন্তু অন্তরে সে একটি সরল, ভীত ও যন্ত্রণাকাতর শিশুই থেকে যাবে।

সু ও: জীবনে সে এমন পরিস্থিতির সামনে দাঁড়িয়েছে, যার প্রতিকার সে করে উঠতে পারেনি।

ভ শি: শুধু তাই নয়, প্রতিবার সে আহত হয়েছে। কিন্তু এখন সে আর আহত হতে চায় না, এবং এই স্থিতি, তার ৩০, ৪০ বা ৫০ বছর বয়েসেও একইরকম থেকে যাবে। শুধু যখন, এই মানুষটি সচেতনতার মধ্যে দিয়ে, নিজের উপরে প্রচেষ্টার সহিত বলবে, 'আমি কোনো ব্যক্তির, দুর্ব্যবহারের দ্বারা আর আহত হব না', তখন সে অন্তরে শক্তিশালী হয়ে উঠবে।

এখন সে, তার রক্ষা কবচ ত্যাগ করে, নিজের স্বাভাবিক, নম্র ব্যক্তিত্বে, মানুষের সম্মুখীন হতে পারবে।

সু ও: চিন্তার প্রতি সচেতন থাকার সুবাদে, নিজেদের দৃষ্টিভঙ্গির প্রতি উদাসীন থাকা সম্ভব?

ভ শি: অবশ্যই। দেখুন, নিজের দৃষ্টিভঙ্গির প্রতি উদাসীন থাকলে, বৃহত্তর বিষয়গুলো প্রাঞ্জল হয়ে ওঠে। যেমন এই দম্পতির ক্ষেত্রে, স্ত্রীটি শুধু নিজের দৃষ্টিভঙ্গি দিয়েই পুরো ঘটনাটি দেখছিলেন এবং বলতেন। 'আমার স্বামী আমার সাথে কেন দুর্ব্যবহার করবেন? ও আমাকে ভালোবাসে না, আমাকে সন্মান দেয় না।' ওনার অনুভূতি সম্পূর্ণ সঠিক ছিল, কিন্তু একতরফা; কিন্তু যখন উনি নিজের দৃষ্টিভঙ্গির প্রতি উদাসীন হয়ে পড়েন, তখন স্বামীর যন্ত্রণা ও তার পরিপ্রেক্ষিকে প্রকৃতরূপে দেখতে সক্ষম হন। তখন স্থিরতার সঙ্গে, উনি মনের ঘৃণাকে সহানুভূতিতে রূপান্তরিত করে দেন।

আমরা সবাই, মানুষের মনকে বোঝার কথা বলি। অপরজনকে বুঝতে না পারার কথা বলে থাকি, কারণ তাদের দৃষ্টিভঙ্গি দিয়ে আমরা দেখতে পারি না, নিজেদের নিয়ে আসক্ত হয়ে থাকি। পূর্বে আমরা পরিস্থিতিকে শুধু নিজেদের অনুকূলে রাখার চেষ্টা করতাম; নিজেদের দিক দিয়ে দেখলে সেটা সম্পূর্ণ আলাদা একটি জগৎ। আপনার দৃষ্টিভঙ্গিতে আমাকে দেখতে হলে, আপনার জায়গায় গিয়ে আমাকে দাঁড়াতে হবে। তার জন্য নিজের

আসক্তি থেকে আমাকে মুক্ত হতে হবে। কিন্তু সবসময় যদি নিজেকেই ঠিক মনে করি, তাহলে এই আসক্তির থেকে উদ্ধারের কোনো উপায় খুঁজে পাব না। আপনার দৃষ্টিভঙ্গি দিয়ে দেখার মানেই হল, সহানুভূতি এবং উপলব্ধিকে অনুভূত করা, ও সেটাই একটি সম্পর্ক কে মজবুত করে তোলে।

সু ও: একদিন আপনি বলেছিলেন, কোনো মানুষ যদি অন্তরে শূন্যতাকে উপলব্ধি করে, তার মনে তখন ক্রোধের জন্ম হয়। অন্তরের শূন্যতা বলতে কি বোঝানো হয়?

ভ শি: সম্পূর্ণ শূন্যতা। অনেকে বলেন, জীবনে সব কিছু পেয়েও, অন্তরে কোথাও যেন কিছু খুঁজে পাচ্ছেন না। তারা কি বলছেন সেটা নিজেরাই ঠিকঠাক বুঝতে পারেন না।

সু ও: ওনারা কি আবেগের পরিপূর্ণতার অনুসন্ধান করছেন?

ভ শি: আমরা যা যা করছি, অর্থাৎ পড়াশোনা, চাকরিবাকরি, এমনকি সম্পর্ক তৈরি করাও, কেবল সুখ এবং তৃপ্তির জন্য। ৩০ বা ৪০ বছর বয়েসে পৌঁছে, আমরা উপলব্ধি করছি, জীবনে সবকিছু পাওয়ার পরেও আমাদের মনে মানসিক চাপ, ক্রোধ ও উদ্বেগ থেকে গেছে। অন্তরের শূন্যতা, অর্থাৎ, সমস্ত প্রাপ্তির পরেও যা আমার ধারণায় মনে কে তৃপ্তি দিতে পারতো; আমি যা চেয়েছি সেটা পাইনি। তাই আমি বলছি, আমি অন্তঃসারশূন্য। বহিরাগত সাফল্যের খাতিরে হয়তো আমরা জীবনের সঙ্গে অনেক আপোষ করেছি। আমাদের শূন্যতার মূলে আছে এই আপোষ করার প্রবণতা। শান্তি যেখানে আমাদের প্রকৃতিতে বিরাজ করে, সেখানে আমরা ক্রোধকে প্রাধান্য দিয়েছি। সততা আমাদের প্রাকৃতিক গুণ, অথচ অনেকক্ষেত্রে আমরা অসৎ কার্যে অংশগ্রহণ করেছি। নম্রতা আমাদের স্বভাব, কিন্তু আমরা অহংবোধকে প্রাধান্য দিয়েছি ক্ষমতার লোভে। যতবার এই ধরণের কার্যে আমরা মনোনিবেশ করেছি, ততবার নিজেদের স্বাভাবিক ব্যক্তিত্বের থেকে দূরে সরে গিয়েছি।

সু ও: কিন্তু এসব আমাদের খারাপ লাগে, নিজেকে অপরাধীর মতো মনে হয়।

ভ শি: শুধু খারাপ ভাবলেই চলবে না, আমাদের জীবনযাত্রা নিয়েও চিন্তা করতে হবে। ধরুন আমাদের হাতে একটা জল ভরা গ্লাস আছে। এবারে আমাকে নিজের নির্দিষ্ট লক্ষ্যে পৌঁছতে হবে এই খেয়াল রেখে যে, গ্লাস থেকে যেন জল না পড়ে যায়। যদি যাত্রাপথে প্রতিবার জল ছলকে পড়ে যায়, তাহলে জীবনে সবকিছু পাওয়ার পরেও, শেষ অবধি শূন্য গ্লাসে লক্ষ্যে গিয়ে পৌঁছবো। তখন আমি বলব, নিজের ক্রোধ এবং অসন্তোষের জন্য আমি শূন্য হয়ে গিয়েছি। জীবনে যা চেয়েছি তার জন্য পুরো প্রচেষ্টা করেছি। এর অর্থ এমন নয় যে, কৃতিত্বের কোনো মূল্য নেই। শুধু আমাদের চলার পথে, সেই জল ভরা গ্লাসটির প্রতি খেয়াল রাখা উচিত ছিল।

সু ও: কিন্তু নির্দিষ্ট লক্ষ্যে পৌঁছোবার আগেই আমরা শূন্য হয়ে গিয়েছি, তাই না?

ভ শি: না, একটি শিশুর কথা ভাবুন—সে সর্বদা সন্তুষ্ট ও শান্ত। এটাই তাই বৈশিষ্ট্য। কিন্তু পরে, আমরা তার মনের ভেতরে ঢুকিয়ে দিয়ে থাকি যে, সে তখনি খুশি হতে পারবে যখন যখন সে পরীক্ষায় বেশি নম্বর নিয়ে আসবে। প্রথম হওয়ার জন্য, তাকে মানসিক ভারগ্রস্ত হয়ে, বন্ধুদের সঙ্গে প্রতিযোগিতায় নামতে হবে।

সু ও: আমরা ধ্যানে বসতে পারি?

ভ শি: আসুন নিজেকে সম্পূর্ণ শিথিল করে ধ্যানে বসি।

আসুন নিজেকে সম্পূর্ণরূপে নিষ্ক্রিয় করি ... একটি সুন্দর ঘুমের অভিপ্রায় নিয়ে ... আমি ফেলে আসা দিনটিকে দেখি ... যা চলে গেছে, সেটা অতীত ... পূর্ণ বিরাম ... যতই কঠিন হোক ... যতই কষ্টকর ... শেষ হয়ে গেছে ... এখন একটি নতুন মুহূর্ত এসেছে ... একটি নতুন প্রতিক্রিয়া ... একটি নতুন অনুভূতি ... আমিই নিয়ন্ত্রক ... আমিই শুদ্ধ শক্তি ... আমি পূর্ণ রূপে সম্পূর্ণ ... সুন্দর ... সন্তুষ্ট ... সফল ... যা কিছু বাইরে খোঁজার চেষ্টা করেছি, সবকিছু আমার অন্তরে

বর্তমান ... আমার জীবনের উদ্দেশ্য, বহির্জগৎ থেকে অর্জন করা নয় ... কিন্তু আমার যাত্রাপথে তাকে প্রকাশ করে চলা ... আমি সম্পূর্ণ ... নিখুঁত ... নিজের শরীরের ও ইন্দ্রিয়ের কর্তা ... সবকিছু নিয়ন্ত্রণে আছে, ওম শান্তি!

চিরন্তন আনন্দের মন্ত্র

- প্রতিবার অতীতের চিন্তা করার অর্থ, তাকে বর্তমানে নিয়ে আসা। কারণ এর ফলে, আমরা সেই একই আবেগের পুনঃ-সৃষ্টি করে চলেছি।

- অতীত পেছনে চলে গেছে। পূর্ণ বিরাম। মনের ভেতরে পুনরায় তার চিন্তা করা বৃথা; যদি করি, তার অর্থ পুরোনো ক্ষতকে, আরোগ্যের পথ বন্ধ করে দিয়ে, নতুন করে বিষিয়ে তোলা।

- অতীত থেকে শেখার কিছু নেই, কারণ পরিস্থিতি যা ঘটার, ইতিমধ্যে ঘটে গিয়েছে। শুধু শিখতে পারি যে, কোনোভাবে আমাদের প্রতিক্রিয়ার পরিবর্তন করা সম্ভব ছিল কি না।

- অতীতকে ধরে রাখলে শুধু যন্ত্রনাই প্রাপ্ত হবে। পরিস্থিতির কোনো পরিবর্তন হবে না, কিন্তু যন্ত্রণা বেড়েই চলবে।

- সম্পর্কে কেউ অন্যায্য নন। প্রত্যেকেই নিজের দৃষ্টিভঙ্গি দিয়ে সঠিক। নিজের পরিপ্রেক্ষিত থেকে বেরিয়ে অন্যের দৃষ্টিভঙ্গি দিয়ে দেখাকেই সহানুভূতিশীলতা বলা হয়।

- সাফল্যের দিকে অগ্রসর হওয়ার পথে, যদি আমরা শান্তি, প্রেম এবং সুখের সঙ্গে কোনোরকমের আপোষ না করি, তাহলে সর্বদাই আমরা সন্তুষ্ট থাকব।

বি কে শিবানীর প্রসঙ্গে

আধ্যাত্মিক উপদেষ্টা এবং পরামর্শদাতা, বক্তা ও লেখিকা

১৯৯৬ সাল থেকে বি কে শিবানী, রাজ-যোগ ধ্যান পদ্ধতির পরিকল্পক ও শিক্ষকরূপে কাজ করে আসছেন। এই শিক্ষা প্রণালী, ব্রহ্মাকুমারীর আধ্যাত্মিক সংস্থার প্রধান অঙ্গ।

মানবিক চেতনাকে, আধ্যাত্মিক শিক্ষা এবং আবেগপ্রবণ ক্ষমতায়নের সাহায্যে রূপান্তরের উদ্দেশ্যে, উনি পৃথিবী জুড়ে লক্ষাধিক মানুষকে, শান্তি, সুখ ও ঐকতান এর সূত্রে পথ দেখিয়ে এসেছেন। উনি বিভিন্ন প্রাসঙ্গিক বিষয়ে বিস্তারিতভাবে বিশ্লেষণ এবং সম্ভাষণ করে এসেছেন, যেমন জীবন নৈপুণ্য, সম্পর্ক, অভিভাবকতা, শিক্ষার মূল্যায়ন, নেতৃত্ব, মানসিক এবং ভাবাবেগের সুস্থতা, কর্ম-জীবনের সাম্যতা, নেশামুক্তি, অধ্যাত্মবাদ, উর্জার স্পন্দন এবং তারতম্য, সচেতনতা, ধ্যান, কর্ম ও দর্শন, ধার্মিক বিশ্বাস, বিজ্ঞান ও আধ্যাত্মিকতার সমন্বয় এবং তার সঙ্গে মন এর সংযোগ, শরীরতত্ত্ব ও ঔষধি বিজ্ঞান, ইত্যাদি।

লক্ষাধিক মানুষের মন রূপান্তর করার অবদানের জন্য, ২০১৯ সালে 'নারী শক্তি' পুরস্কারের দ্বারা, (ভারতবর্ষের নারীদের প্রদান করা সর্বোচ্চ অসামরিক পুরস্কার) ওনাকে সম্মানিত করা হয়েছে। আধ্যাত্মিক সচেতনতার অসাধারণ অবদানের জন্য ২০১৪ সালে ওনাকে Assocham's Ladies League দ্বারা 'Women of the Decade Achievers Award' এ সম্মানিত করা হয়েছে। ২০১৭ সাল থেকে ওনাকে World Psychiatric Association এর 'Goodwill

Ambassador' রূপে নিযুক্ত করা হয়েছে। উত্তর মার্কিন যুক্তরাষ্ট্রের বিভিন্ন শহরে, ২০১৭-১৮ সালে, জীবন-নবনির্মাণ উদ্দেশ্যে সফরের জন্য ওনাকে 'Proclamations at Cupertino, New Jersey, Ohio, Santa Clara and San Francisco'-র দ্বারা ভূষিত করা হয়েছে।

মার্কিন যুক্তরাষ্ট্রের Silicon Valley তে উনি Google, Microsoft, Cisco, Amazon এবং Intel এর মতো বহুজাতিক বৃহৎ সংস্থানদের সম্বোধন করেছেন। এছাড়া, Reliance Jio–Maruti, Suzuki India, Indian Oil Corporation, Godrej Industries Ltd, GE Energy, Asian paints এবং Times of India -র মতো আরো অনেক ব্যবসায়িক সংস্থানে নিজের বক্তব্য পেশ করেছেন। YPO, FLO, EO chapters, Indian Armed Forces,Rotary International এবং Lions Club International -এও উনি সম্ভাষণ করেছেন। ভারতবর্ষের বিভিন্ন উৎকৃষ্ট বিদ্যালয়, কলেজ, Management Institutes ও Leadership Institutes, যেমন IIM, IIT, AIMA ইত্যাদিতে উনি আমন্ত্রিত হয়েছেন।

মন-শরীর-ঔষধী বিষয়ক আলোচনার উপলক্ষ্যে, ওনাকে ভারতবর্ষের সমস্ত প্রধান শহরে, Indian Medical Association দ্বারা আমন্ত্রিত করা হয়েছে। উনি ক্যান্সারের রুগী এবং ক্যান্সার রোগমুক্ত মানুষদের সঙ্গেও বহুবিধ অনুষ্ঠান সংগঠিত করেছেন। বি কে শিবানী সক্রিয়রূপে প্রতিবছর অঙ্গ-দান উদ্যোগকে উন্নীত করে এসেছেন। এছাড়া উনি, FOGSI এবং এক বিশেষ গোষ্ঠীর সহযোগে, 'অদ্ভুত মাতৃত্ব' নামক এক অনুক্রমের সূচনা করেছেন, যা সন্তানসম্ভব পিতা মাতাদের জন্য তৈরি এক অভিনব বৈজ্ঞানিক ও আধ্যাত্মিক কর্মসূচি।

এক প্রতিভাবান চিন্তক, বক্তা এবং লেখিকা ভিন্ন, বি কে শিবানী ভারতবর্ষের পুনে বিশ্ববিদ্যালয়ের Electronics Engineering-এর স্বর্ণপদক প্রাপ্ত স্নাতক।

পাঠক বি কে শিবানীর সঙ্গে online-এর যোগাযোগ করতে পারেন—
Facebook https//www.facebook.com/BKShivani
Youtube https//www.youtube.com/BKShivani
Instagram https//www.instagram.com/BKShivani

ব্রহ্মকুমারী

ব্রহ্মকুমারী একটি আন্তর্জাতিক বেসরকারি সংস্থান (NGO), যারা Economic and Social Council of the United Nations এর সাধারণ উপদেশক এবং UNICEF এর উপদেশক হিসেবে কার্যরত। মাউন্ট আবু, রাজস্থানে, এদের প্রধান বিশ্বব্যাপী কেন্দ্রস্থল অবস্থিত। পৃথিবীজুড়ে ৪৫০০ টি কেন্দ্রে, যা ১৪০ টি দেশে ব্যাপ্ত, বিভিন্ন পাঠক্রমের মাধ্যমে, চিন্তাধারায় ধনাত্মক পরিবর্তনের পৃষ্ঠপোষকতা করে।

রাজ-যোগার মাধ্যমে, ব্রহ্মাকুমারী, মনের শান্তি এবং জীবনে সাকারাত্মক কর্ম পদ্ধতির শিক্ষা প্রদান করে। রাজ-যোগার মাধ্যমে এই সংস্থা, সর্বধর্ম ও সামাজিক পটভূমির মানুষদের, অধ্যাত্মবাদ, ধ্যান ও মননের সুযোগ প্রদান করে থাকে। এর দ্বারা মানুষ অন্তরের প্রশান্তি, স্বচ্ছ চিন্তাধারা এবং ব্যক্তিগত সুখের পথনির্দেশ পেয়ে এসেছে। এই সংস্থার সূচনা কাল থেকে শুদ্ধতা, শান্তি, প্রেম, আনন্দের এক ব্যবহারিক এবং দীর্ঘস্থায়ী অনুভব, পৃথিবীর বহু-সংখ্যক মানুষের জীবনে প্রদান করেছে।

এই সংস্থার প্রধান বৈশিষ্ট্য রাজ-যোগ ধ্যান প্রণালীর বুনিয়াদি পাঠক্রম। এর মাধ্যমে আত্মা এবং ঈশ্বরের ব্যবহারিক জ্ঞান ও আত্মা, ঈশ্বর এবং বস্তুতান্ত্রিক জগতের মধ্যে নিহিত সম্পর্কের বোধশক্তি নিয়ে চর্চা হয়। সমগ্র শিক্ষা

প্রণালী সর্বসাধারণের জন্য, সামাজিক কল্যাণের অভিপ্রায় নিয়ে, বিনামূল্যে প্রদান করা হয়ে থাকে।

রাজ-যোগার বুনিয়াদি পাঠক্রম সমস্ত ব্রহ্মাকুমারীর কেন্দ্রে, বিনামূল্যে প্রদান করা হয়ে থাকে। এই পাঠক্রম ৭ দিন ব্যাপী, দৈনিক ১ ঘন্টার হয়।

অধিক তথ্যসমূহের জন্য যোগাযোগ করুন নিকটবর্তী কেন্দ্রে—
https://www.brahmakumaris.com/centers/(India)
http//www.brahmakumaris.org/center-locator
(International)

জাগরণ (Awakening), ২৪ ঘন্টা ব্যাপী ব্রহ্মাকুমারীর টেলিভিশন চ্যানেল।

ব্রহ্মাকুমারীদের দ্বারা চালিত পাঠ্যক্রম

- স্ব-ব্যবস্থাপনা (Self-Management)
- মানসিক চাপ মুক্ত জীবন (Stress-Free Living)
- জীবনের মূল্যবোধ (Living Values)
- ভাবাবেগ ও বুদ্ধিমত্তা (Emotional Intelligence)
- মনের ব্যবস্থাপনা (Mind Management)
- সম্পর্কের সঙ্গতি (Harmony in Relationships)
- আত্ম-ক্ষমতায়ন (Self-Empowerment)
- আত্মসম্মান বৃদ্ধির পরিকল্পনা (Enchancing Self-Esteem)
- অন্তরের শক্তির খোঁজে (Exploring Inner Powers)
- শরীর ও তার যত্ন (Values in health care)
- নেতৃত্ব-নৈপুণ্য (Leadership Skills)
- কর্ম ও জীবনের সাম্যতা (Work-Life Balance)
- কর্মের নীতিবোধ (Karmic Principles)
- সঠিক চিন্তনকলা (Art of Right Thinking)
- প্রভাবশালী এবং উত্তম অভিভাবকত্ব (Effective and Good Parenting)
- আধ্যাত্মিক প্রগতি (Spiritual Advancement)

প্রতিষ্ঠানের কেন্দ্রগুলি ছাড়াও এই পাঠক্রম, অংশগ্রহণকারীদের কর্মস্থলেও আয়োজিত করা হয়ে থাকে যেমন, বিদ্যালয়, হাসপাতাল, সরকারি ও বেসরকারি অফিস, জেলখানা।

জাগরণ (AWAKENING)

To A New Way of Living

Brahma kumaris TV channel.

জাগরণ (Awakening), টেলিভিশন চ্যানেলের উৎস এই বোধশক্তির দ্বারা চালিত যে, 'পৃথিবী তখন পরিবর্তিত হবে, যখন আমরা বদলাব।'

এখানে নিম্নলিখিত বিষয়গুলো তুলে ধরা হয়—

(১) মানসিক চাপ, ক্রোধ, ভয়, সম্পর্ক, পেশাদারি সমস্যা এবং কর্ম ও জীবনের সাম্যতা মানসিক স্বাস্থ্য ও জীবনধারণের উপরে কথোপকথন এবং আলোচনা।

(২) মন ও শরীরের সংযোগের উপরে অনুষ্ঠান নেশামুক্তি, হৃদরোগের আরোগ্যলাভ, বহুমূত্র রোগ, যোগ-সাধনা, সু-স্বাস্থ্যে আবেগের ভূমিকা ও রোগমুক্তি।

(৩) মানসিক ব্যাধির উপরে নির্মিত অনুষ্ঠান হতাশা, OCD, শিশুদের মধ্যে উত্তেজনা এবং এই সময়ের সমস্ত মানসিক অসুস্থতার নিদান।

(৪) সমস্ত পেশায়, আধ্যাত্মিক নীতির প্রয়োগ নিয়ে নির্মিত অনুষ্ঠান ডাক্তার, আইনজ্ঞ, রাজনীতিবিদ, শাসক, ব্যবসা ও শিল্প, মিডিয়া, শিল্পকলা, বৈজ্ঞানিক এবং ইঞ্জিনিয়ার, সুরক্ষা সেবা, ভ্রমণ ও ভ্রমণব্যবস্থা এবং আরও অনেক।

(৫) সাত্ত্বিক রন্ধনপ্রণালী এবং রন্ধনশিল্প ও ভোজনে মনের ভূমিকা।

(৬) সার্বিক অভিভাবকত্বের উপরে বিশেষ অনুষ্ঠান।

(৭) সর্বদিনব্যাপী নির্দেশিত ধ্যানপ্রণালী, যার দ্বারা মানুষ ঘরে বসে ধ্যান ও মনন করতে পারেন।

(৮) আধ্যাত্মিক সংগীত।

website https//awakeningtv.org

রাজ-যোগ ধ্যান পাঠক্রম

আত্ম-অনুভূতি - নিজেকে এক আধ্যাত্মিক সত্তা হিসেবে অবলোকন করা, এক অতি সূক্ষ্ম তারার মতন, এক আলোক বিন্দুসম একটি আত্মা। আত্মার স্বকীয় প্রকৃতি হল, প্রেম, শান্তি, সুখ, সত্যতা, আনন্দ, শুদ্ধতা।

ঈশ্বর-উপলব্ধি - আমাদেরই মতন, ঈশ্বরও একটি আত্মা, সর্বশ্রেষ্ঠ আত্মা—যিনি নিরাকার। তিনি সর্বশক্তিমান এবং প্রেমের, শান্তির, শক্তির এবং শুদ্ধতার সাগর।

ঈশ্বরের সাথে সম্পর্ক - ঈশ্বরের অস্তিত্বের সঙ্গে যখন আপনি নিজেকে ঐক্যবদ্ধ করে তুলবেন, ধ্যান ও মননের মাধ্যমে; তখন যেকোনো পরিস্থিতিতে সাহায্য এবং শক্তি আহরণের ক্ষমতা লাভ করবেন। শক্তি ও সদগুণের এক অসীম ভান্ডার, মাত্র একটি চিন্তার দুরত্বে অবস্থান করে।

কর্মের বিধি - প্রতিটি ক্রিয়ার একটি সমপরিমাণ বিপরীত প্রতিক্রিয়া আছে। আমরা আজ যা অনুভব করছি, সেটা পূর্বে, আমাদের দ্বারা নির্গত হয়েছিল। আমাদের প্রতিটি চিন্তা, শব্দ এবং কার্য, আমাদেরই সৃষ্ট শক্তির থেকে প্রবাহমান—এই আমাদের কর্ম। পরিস্থিতি ও মানুষের ব্যবহার, আমাদের প্রাপ্ত শক্তি—একেই আমরা নিয়তির আখ্যা দিয়ে থাকি।

রাজ-যোগ ধ্যান প্রণালী - এই পদ্ধতি যে কোনো সময়, যেকোনো জায়গায়, উন্মুক্ত নয়নে প্রয়োগযোগ্য। প্রতিদিনের অভ্যাসে, আমরা কোনো পরিস্থিতির উত্তর, প্রতিক্রিয়াশীল না হয়ে, খুঁজে পেতে পারি। আমরা ঐক্যবদ্ধভাবে জীবন নির্বাহ করে পারি, সুস্থ, সুখী সম্পর্কের মাধ্যমে। এভাবেই আমাদের জীবনকে, ধনাত্মক পদ্ধতিতে পরিবর্তিত করা সম্ভব।

৮টি আধ্যাত্মিক ক্ষমতা - রাজ-যোগের ৮টি শক্তির দ্বারা, জীবনের সমস্ত পরিস্থিতির ও আহ্বানের সাড়া দিতে সক্ষম হতে পারি। এই শক্তির মূলে আছে প্রত্যাহারের ক্ষমতা, সমাপ্তিকরণের শক্তি, অন্তর্ভুক্তের ক্ষমতা, পক্ষপাতের ক্ষমতা, বিচারশক্তি, সম্মুখীন হওয়ার ক্ষমতা, সহযোগিতার শক্তি এবং সহনশীলতা।

BRAHMA KUMARIS CENTRES

The Brahma Kumaris have more than 8,500 centres in over 133 countries, with the international headquarters at Mt. Abu, Rajasthan.

INDIA

World Headquarters 'Pandav Bhawan,'
Post Box No.2, Mt. Abu–307501
Tel: 2974–238261 To 238268

Om Shanti Retreat Centre
Gurgaon. Tel: 0124–2379960

Shanti Sarovar Retreat Centre
Hyderabad. Tel: 040–23005983
25, New Rohtak Road, Karol Bagh New Delhi.
Tel: 011–23628976
23, Dar-Ul-Muluk, Gamdevi Mumbai.
Tel: 022–23803681

81/1, Bangur Avenue, V.I.P. Road Side Kolkata.
Tel: 033–25747863

3702, Annanagar, Block Q–96 Chennai.
Tel: 044–26267441

UNITED KINGDOM & EUROPE

Global Co-operation House, 65–69 Pound Lane
London. Tel: 44–20–8727 3350

Global Retreat Centre
Oxford. Tel: 44–1865–343 551

Centre de Raja Yoga, 74 rue Orfila Paris, France.
Tel: 33–1–43 58 44 27

Raja Yoga Institut
Frankfurt, Germany. Tel: 49–69–49 18 46

Styrmansgatan 3 Stockholm, Sweden.
Tel: 46–8–663–79 59
12 rue J.-A. Gautier Geneva, Switzerland.
Tel: 41–22–731 12 35

RUSSIA

2 Gospitalnaya Ploschad
Moscow. Tel: 7–499–263 02 47

4 Severny Prospect
Saint-Petersburg. Tel: 7–812–293 28 44

NORTH & SOUTH AMERICA

Global Harmony House, 46 S. Middle Neck Road
New York. Tel: 1–516–773 0971

Peace Village— Learning & Retreat Centre
New York. Tel:1–518–589 5000

2428 Griffith Park Boulevard
Los Angeles. Tel: 1–323–664 0022

1212 New York Avenue
Washington DC. Tel: 202–238 3263

897 College Street Toronto, Canada.
Tel: 1–416–537 3034
Rua Dona Germaine Burchard, 589
Sau Paulo, Brazil. Tel: 55–11–3864 2639

AFRICA

Global Museum, Maua Close Nairobi, Kenya.
Tel: 254–20–3743572

Inner Space, 28 Judith Street Johannesburg, South Africa.
Tel: 27–11–487 2800

ASIA

17 Dragon Road, Causeway Bay
Hong Kong SAR. Tel: 852–2806 3008

1-30-15 Numabukuro Tokyo, Japan.
Tel: 81–3–5380 4169

52 Lorong Melayu, Singapore.
Tel: 65–6441 1411

Chaengwattana Rd. 27, Pakkret
Bangkok, Thailand. Tel: 66–2–573 8242

7484 Bagtikan Corner, Makati City
Manila, Philippines. Tel: 63–2–890 7960

AUSTRALIA & NEW ZEALAND

78 Alt Street, Ashfield
Sydney, NSW. Tel: 61–2–9716 7066

4 Park Avenue, Avalon
Wellington. Tel: 64–4–567 0699